BECK'SCHE TEXTAUSGABEN

Straßenverkehrs-Ordnung

D1734407

Straßenverkehrs-Ordnung mit StVO/DDR

Textausgabe
mit ausführlichem Sachverzeichnis
und einer Einführung von
DR. KLAUS SEIDENSTECHER
Ministerialrat a. D.

4., neubearbeitete Auflage
Stand: 1. Dezember 1995

C.H. BECK'SCHE VERLAGSBUCHHANDLUNG
MÜNCHEN 1996

ISBN 3 406 40009 4

Satz und Druck: C. H. Beck'sche Buchdruckerei, Nördlingen
Gedruckt auf säurefreiem, aus chlorfrei gebleichtem Zellstoff
hergestelltem Papier.

Inhaltsverzeichnis

Einführung zur Straßenverkehrs-Ordnung

von **Dr. Klaus Seidenstecher**
Ministerialrat a. D.

I. StVO-Novellen

1. Allgemeines. Die StVO ist das „Grundgesetz des Straßenverkehrs", das sich an jeden Einwohner unseres Landes
wendet. Die StVO gilt für alle Verkehrsarten, die sich auf den
öffentlichen Verkehrsflächen befinden, für Fußgänger ebenso
wie für Radfahrer, Reiter, Viehtreiber, für spielende Kinder, für
den motorisierten und unmotorisierten Fahrzeugverkehr. Sie
gilt selbst für solche Fortbewegungsmittel, die nach ihrer eige-
nen Definition keine Fahrzeuge sind (§ 24 Abs. 1): Rollstühle,
Rodelschlitten, Kinderwagen, Roller, Kinderfahrräder und
ähnliches, wie Skateboards oder Rollschuhe. Für diese ist damit
ein Fahrbahnverbot (§ 2 Abs. 1) und ein Gehweggebot (§ 25
Abs. 1) ausgesprochen.

Diese Spannweite macht deutlich, daß die StVO von Zeit zu
Zeit der Entwicklung angepaßt werden muß. Besonders stür-
misch stieg die Zahl der Kraftfahrzeuge seit Erlaß der StVO
(1970). Hatten wir damals 19,8 Millionen Kraftfahrzeuge (darunter 15,1 Mio. Pkw), so sind es jetzt 49,8 Mio. Kraftfahrzeuge
(darunter 39,9 Mio. Pkw; Stand 1. 1. 1995, Quelle: Kraftfahrt-
Bundesamt).

Ferner: Die StVO ist nicht nur ein Instrument der Verkehrsregelung, sondern – vorrangig – auch eine „Unfallverhütungs-
vorschrift". Bei 9700 Verkehrstoten und über 500 000 Verletzten im Jahr (1994) kommt dieser Aufgabe eine besondere Bedeutung zu. Besteht begründete Aussicht, daß mit einer bestimmten Verhaltensvorschrift die Verkehrssicherheit erhöht
werden kann (z. B. Gurtanlege- und Helmtragepflicht, Kindersicherung in Kraftfahrzeugen, Höchstgeschwindigkeit und
Überholverbote bei Nebel), muß diese Vorschrift erlassen werden.

Bei jeder Novellierung ist dem Grundsatz Rechnung zu tragen, daß man die StVO nicht fortwährend und leichtfertig,
sondern nur in größeren Abständen, behutsam und unter Bei-
behaltung der grundlegenden Verhaltensvorschriften ändern
kann. Ferner ist darauf zu achten, daß wir uns im Rahmen der

von der Bundesrepublik Deutschland unterzeichneten und ratifizierten internationalen Vereinbarungen bewegen.*

Damit kommen wir nicht nur unseren völkerrechtlichen Verpflichtungen nach, sondern wir tragen auch – im Interesse der Sicherheit und Flüssigkeit des Verkehrs – der Tatsache Rechnung, daß wir einen grenzüberschreitenden Verkehr unvorstellbaren Ausmaßes haben: 1993 waren es über 217 Mio. Kraftfahrzeuge im Jahr (1970: 89 Mio./Jahr).

Anmerkungshalber sei erwähnt, daß das Grünpfeil-Schild, welches das Rechtsabbiegen bei „Rot" gestattet, durch diese Übereinkommen nicht gedeckt ist[1]. Jedoch berührt dieser Verstoß gegen das Völkerrecht nicht die innerstaatliche Gültigkeit dieser Regelung.

2. StVO-Novellen seit 1980. Durch Verordnung vom 21. 7. 1980 (BGBl. I S. 1060) wurden u. a. die Verkehrsberuhigten Bereiche, Sonderparkrechte für Schwerbehinderte und Anwohner, Sonn-, Feiertags- und Nachtparkverbot für Lkw und Busse in Wohngebieten sowie die gesteigerte Sorgfaltspflicht gegenüber Kindern und älteren Menschen eingeführt.

1984 (Verordnung vom 6. 7. 1984; BGBl. I S. 889) wurde die Gurtanlegepflicht bußgeldbewehrt.

Die nächste größere Novelle datierte vom 22. 3. 1988 (BGBl. I S. 405). Sie brachte neue Vorschriften

– für Radfahrer (Zulässigkeit des sog. indirekten Linksabbiegens, Zulässigkeit des Rechtsaufschließens neben einer wartenden Autoschlange);
– für Mofafahrer (Grundsatz der Fahrbahnbenutzung),
– für Motorradfahrer (Erleichterung des Fahrens in Fahrstreifen, Abblendlicht am Tage, ECE-Schutzhelm),
– für Lkw- und Busfahrer (Mindestabstand auf Autobahnen),
– für Schulbusse (beim Anfahren von Haltestellen Vorrang vor dem übrigen Verkehr, ebenso wie die Linienbusse),

---

* (Welt-) Übereinkommen über den Straßenverkehr,
(Welt-) Übereinkommen über Straßenverkehrszeichen,
– beide vom 8. November 1968 –
zwei Europäische Zusatzübereinkommen hierzu
– beide vom 1. März 1971 –
Protokoll über Straßenmarkierungen vom 1. März 1973.
(Ratifizierungsgesetz v. 21. 9. 1977, BGBl. II S. 809).
[1] Beiträge des Verf. in Neue Zeitschrift für Verkehrsrecht, 1991 S. 215, 1992 S. 345, Verkehrsdienst 1993 S. 153.

- für Fahrer von Gefahrguttransporten (besondere Sorgfaltspflicht bei Sichtbehinderung durch Nebel, Schneefall oder Regen),
- für Taxi- und Mietwagenfahrer (Angurten bei Leerfahrten),
- für alle Kraftfahrer (Erleichterung des Fahrens in Fahrstreifen, Vorrang an einer Parklücke, Verbot des Dauerparkens von Anhängern).

Mit der **10. StVO-Änderungs-Verordnung** vom 9. 11. 1989 (BGBl. I S. 1976) wurden u. a. die „Tempo-30"-Zonen und die Numerierung der Autobahnkreuze und -dreiecke – mit entsprechenden Sinnbildern – eingeführt.

Durch Verordnung vom 15. 10. 1991 (BGBl. I S. 1992) wurde die zulässige Höchstgeschwindigkeit bei Sichtweiten von weniger als 50 m durch Nebel, Schneefall oder Regen auf 50 km/h beschränkt. Ferner wurde für Kraftfahrzeuge mit einem zulässigen Gesamtgewicht über 7,5 t bei diesen Witterungsverhältnissen ein Überholverbot normiert.

Die **11. Verordnung zur Änderung des StVO** vom 19. 3. 1992 (BGBl. I S. 678), in Kraft seit dem 1. 7. 1992, brachte in erster Linie die Modernisierung der z. T. veralteten Sinnbilder in den Verkehrszeichen. Diese Sinnbilder können jetzt mit Hilfe von Digitaldaten und Grafikprogrammen rechnergestützt gezeichnet, konstruiert und gefertigt werden. Bei einer Anzahl von Richtzeichen wurde die Gestalt (Quadrat statt Rechteck) geändert. Einige Varianten bereits geltender Verkehrszeichen wurden in die StVO aufgenommen, ferner die Zeichen „P + R"-Parkplatz und Wandererparkplatz. Das Zeichen Wendeverbot wurde als Zeichen 272 aus der DDR-StVO übernommen.

Eine große „Umrüstungsaktion" sollte aber vermieden werden. Die alten Zeichen galten weiter, bis sie im Zuge der normalen Erneuerung ohnehin ausgewechselt werden mußten. Ursprünglich sollten dann ab 1. 7. 1992 nur noch die neuen Zeichen angeordnet und aufgestellt werden. Diese Frist erwies sich als zu kurz; sie wurde deshalb durch die 4. Ausnahme-Verordnung zur StVO vom 23. 6. 1992 (BGBl. I S. 1124) bis zum 1. 7. 1994 verlängert.

Weiterhin gab es einige materiellrechtliche Änderungen:
- Das „tangentiale" Linksabbiegen zweier sich entgegenkommender Linksabbieger („voreinander abbiegen") wurde als Regelfall eingeführt (§ 9 Abs. 4 S. 2).

Einführung

- Eine freie Gasse für die Durchfahrt von Polizei- und Hilfsfahrzeugen ist nunmehr auf allen Außerortsstraßen mit mindestens zwei Fahrstreifen für eine Richtung zu bilden, nicht nur auf Autobahnen und Kraftfahrstraßen (§ 11 Abs. 2).
- Ein Parkverbot vor Bordsteinabsenkungen wurde eingeführt, um Behinderungen der Rollstuhlfahrer zu vermeiden (§ 12 Abs. 3 Nr. 9), ferner ein Halteverbot im Fahrraum von Schienenfahrzeugen (§ 12 Abs. 4 S. 5).
- Kinder in Kraftfahrzeugen müssen besser gesichert werden. Ihre Beförderung auf den Vordersitzen war nur noch zulässig, falls genehmigte Rückhalteeinrichtungen benutzt wurden (§ 21 Abs. 1a). Die ungesicherte Mitnahme von Kindern auf Vordersitzen war – anders als bis zum 30. 6. 1992 – auch dann unzulässig, wenn die Rücksitze mit Kindern besetzt waren oder das Fahrzeug keine Rücksitze hatte. Inzwischen ist der § 21 Abs. 1a noch strenger gefaßt worden (12. StVO-Änderungs-Verordnung vom 22. 12. 1992, BGBl. I S. 2482): Nunmehr müssen Kinder auf Vorder- und Rücksitzen durch Rückhalteeinrichtungen gesichert werden. Eine bis Ende 1997 befristete Ausnahme ist für die gelegentliche Kinderbeförderung auf Rücksitzen in Taxen vorgesehen. Die ungesicherte Mitnahme der Kinder ist ferner dann nicht verboten, wenn die Rückhalteeinrichtungen nicht befestigt werden können, weil die dafür vorgesehenen Sicherheitsgurte von anderen Personen benutzt werden.
- In § 30 wurden die notwendigen Folgerungen aus der Vereinigung der beiden deutschen Staaten gezogen: Die Ausnahmen vom Sonntagsfahrverbot für den DDR- und Berlinverkehr wurden gestrichen, die Feiertagsregelung in den neuen Ländern wurde aufgenommen.
- In § 37 Abs. 2 Nr. 1 wurden die (allein erscheinenden) roten und gelben Pfeile bei der Lichtzeichenregelung gestrichen: Pfeilsignale sind nur noch als schwarze Pfeile vor Rot bzw. Gelb zulässig. Allerdings gilt eine Übergangsfrist bis zum 31. 12. 2005.
  Der allein erscheinende Grünpfeil gilt uneingeschränkt weiter.
- In § 39 (neuer) Abs. 1a wurde festgelegt, daß Verkehrszeichen auch auf einem Fahrzeug angebracht werden dürfen. Diese gelten auch, wenn das Fahrzeug sich bewegt und gehen den Anordnungen durch ortsfest angebrachte Verkehrszeichen vor.

X

– In § 36 Abs. 5 wurde die Anhaltebefugnis durch die Polizei und die korrespondierende Befolgungspflicht der Verkehrsteilnehmer präzisiert (auch Kontrollen der Verkehrstüchtigkeit, Anhaltezeichen auch vom fahrenden Fahrzeug, ggf. auch von einem hinterherfahrenden Einsatzfahrzeug aus).

– In § 38 Abs. 3 wird noch einmal ausdrücklich hervorgehoben, daß gelbes Blinklicht „ortsfest oder von Fahrzeugen verwendet werden" kann.

Gleichzeitig mit der 11. StVO-Änderungs-Verordnung trat die 7. Allgemeine Verwaltungsvorschrift zur Änderung der Allgemeinen Verwaltungsvorschrift zur StVO (VwV-StVO), Bundesanzeiger vom 3. 4. 1992, in Kraft.

Sie brachte insbesondere Erleichterungen
– für den Großraum- und Schwerverkehr (zu § 29 Abs. 3),
– über Ausnahmegenehmigungen von den Vorschriften über Höhe, Breite, Länge von Fahrzeug und Ladung (zu § 46 Abs. 1 Nr. 5).

Eine polizeiliche Begleitung ist bei diesen Transporten in Zukunft nur noch in wenigen, genau umschriebenen Fällen notwendig. Letztlich wurde die VwV den neuen oder geänderten Verkehrszeichen angepaßt; die Vorschriften über die Wegweisung wurden gestrafft.

Der Schwerpunkt der **12. StVO-Änderungs-Verordnung** vom 22. 12. 1992 (BGBl. I S. 2482) – die bessere Kindersicherung in Kraftfahrzeugen – wurde bereits erwähnt. Weiterhin wurde durch diese Verordnung klargestellt, daß die "Seitenstreifen nicht Bestandteil der Fahrbahn" sind (§ 2 Abs. 1 S. 2). Diese Klarstellung war notwendig. Zwar unterscheidet die StVO deutlich zwischen Fahrbahn und Seitenstreifen (vgl. z. B. § 18 Abs. 8, I VwV zu § 2 Abs. 4 S. 3). Die Rechtsprechung (so BGH, DAR 1981, 295; OLG Köln, NZV 1992, 415) hat aber gleichwohl den Seitenstreifen als Bestandteil der Fahrbahn angesehen. Jetzt wird noch einmal in der StVO hervorgehoben, daß der Seitenstreifen nicht zum Fahren benutzt werden darf (Ausnahme: Notfälle, § 16 OWiG, § 2 Abs. 4 S. 3, § 5 Abs. 6 S. 3, § 41 Abs. 3 Nr. 3 Buchstabe b).

Am 1. 8. 1995 trat die **13. StVO-Änderungs-Verordnung** in Kraft (BGBl. I S. 935). Sie dehnte die Verpflichtung zum Einschalten des Warnblinklichts (bisher nur für Schulbusse) auf die Linienbusse aus. Das Warnblinklich ist einzuschalten, wenn sich die Busse einer Haltestelle nähern und eingeschaltet zu lassen, solange Fahrgäste/Schulkinder ein- oder aussteigen. Die

Straßenverkehrsbehörde ordnet an, für welche Haltestellen dies gilt (§ 16 Abs. 2). Nähern sich die blinkenden Busse einer solchen Haltestelle, dürfen sie nicht überholt werden (§ 20 Abs. 3). Die „mäßige" Vorbeifahrgeschwindigkeit in § 20 Abs. 1 S. 2, Abs. 1 a a. F. wurde in „Schrittgeschwindigkeit" geändert (§ 20 Abs. 2, Abs. 4 n. F.).

In nahezu allen Bundesländern ist der Buß- und Bettag kein gesetzlicher Feiertag mehr. Das Lkw-Fahrverbot an diesem Tage wurde deshalb aufgehoben (§ 30 Abs. 4).

3. In der letzten Zeit hat der Bundesminister für Verkehr auch einige Ausnahme-Verordnungen erlassen:

– Nach der 2. Verordnung über Ausnahmen von den Vorschriften der StVO vom 19. 3. 1990 (BGBl. I S. 550) in Verbindung mit der 1. Verordnung zur Änderung dieser Verordnung vom 22. 12. 1992 (BGBl. I S. 2481) dürfen Kraftrad-Schutzhelme, die nicht in amtlich genehmigter Bauart ausgeführt sind, abweichend von § 21 a Abs. 2 und § 53 Abs. 6 weiter verwendet werden. Zu beachten ist, daß es sich um Kraftrad-Schutzhelme handeln muß. Militärische Stahlhelme sind also ebenso unzulässig wie z. B. Schutzhelme für Bau- oder Industrie-Arbeiter.

– Nach der 6. Verordnung über Ausnahmen von den Vorschriften der StVO vom 24. 3. 1994 (BGBl. I S. 624) brauchen Führer von Krafträdern, die keine höhere bauartbedingte Höchstgeschwindigkeit als 20 km/h erreichen, abweichend von § 21 a Abs. 2 StVO, keinen Schutzhelm zu tragen.

– Nach der 3. Verordnung über Ausnahmen von straßenverkehrsrechtlichen Vorschriften vom 5. 6. 1990 (BGBl. I S. 999) in Verbindung mit der 1. Verordnung zur Änderung dieser Verordnung vom 22. 12. 1992 (BGBl. I S. 2480) sind abweichend von § 21 Abs. 1 a Rückhalteeinrichtungen für behinderte Kinder unter bestimmten Voraussetzungen von der Genehmigungspflicht ausgenommen.

– Nach der 5. Verordnung über Ausnahmen von den Vorschriften der StVO vom 24. 3. 1994 (BGBl. I S. 623) dürfen abweichend von § 21 Abs. 1 a StVO in Kraftfahrzeugen der Stationierungsstreitkräfte auch Kinder-Rückhalteeinrichtungen benutzt werden, die nach deren nationalen Vorschriften zugelassen worden sind.

– Die 2. Verordnung über Ausnahmen von straßenverkehrsrechtlichen Vorschriften vom 28. 2. 1989 (BGBl. I S. 481) in

Verbindung mit Art. 2 der 10. Verordnung zur Änderung straßenverkehrsrechtlicher Vorschriften vom 23. 7. 1990 (BGBl. I S. 1489) und der Verordnung vom 18. 5. 1992 (BGBl. I S. 989) bringt gewisse Erleichterungen von StVO- und StVZO-Vorschriften für Zugmaschinen und Anhänger hinter Zugmaschinen, die bei örtlichen Brauchtums-Veranstaltungen, bei nicht gewerbsmäßig durchgeführten Altmaterial-Sammlungen oder Landschafts-Säuberungs-Aktionen, bei Feuerwehreinsätzen oder -übungen sowie bei den An- oder Abfahrten zu diesen Veranstaltungen verwendet werden.

II. Auswirkungen des deutschen Einigungsvertrages auf die StVO

1. Die DDR hatte, ebenso wie die Bundesrepublik Deutschland, die (weltweiten) Übereinkommen über den Straßenverkehr und über Straßenverkehrszeichen vom 8. November 1968 sowie die Europäischen Zusatzübereinkommen hierzu vom 1. Mai 1971 ratifiziert. Mit ihrer 4. Änderungs-VO zur StVO vom 2. 4. 1982 hat die DDR die Anpassung an die international üblichen Verkehrsvorschriften und -zeichen vollzogen. Bei Abschluß des Einigungsvertrages galten daher in beiden Teilen Deutschlands im wesentlichen dieselben Verkehrsvorschriften und -zeichen.★

2. Der Grundsatz der Rechtsangleichung ist in Art. 8 des Einigungsvertrages niedergelegt: Mit Wirksamwerden des Beitritts gilt im Gebiet der ehemaligen DDR Bundesrecht, soweit nicht durch den Einigungsvertrag und seine Anlagen etwas anderes bestimmt ist.

   Hinsichtlich der StVO ist in einigen Punkten „etwas anderes" bestimmt:

   – Für einige Vorschriften der DDR-StVO z. B. Höchstgeschwindigkeiten auf Autobahnen und Landstraßen, galten Übergangsvorschriften, deren Fristen aber inzwischen abgelaufen oder die aus anderen Gründen, z. B. Sonderrechte für sowjetische Streitkräfte, gegenstandslos geworden sind. Einige wenige Übergangsregelungen könnten noch von Bedeutung sein:

★ Wegen der Abweichungen DDR/D-StVO vgl. den Beitrag des Verf. in DAR 1990, 281.

- Die Verkehrszeichen 419 (nicht gültig für abgebildete Fahrzeugart), 421 (nicht gültig für Schwerstbehinderte) und 422 (gültig bei Nässe) der DDR-StVO gelten weiter; Verstöße sind Ordnungswidrigkeiten im Sinne des § 24 StVG. Zeichen 401 D-StVO (Bundesstraßennummernschild) steht im Sinne des § 12 Abs. 3 Nr. 8 Buchstabe a) D-StVO dem Zeichen 306 D-StVO gleich.
- Für Lichtzeichenanlagen in den neuen Bundesländern ist die Farbfolge GRÜN-GRÜN/GELB-ROT-ROT/ GELB weiterhin zulässig. GRÜN/GELB bedeutet GRÜN. Bei neuen oder umgerüsteten Anlagen ist GRÜN/GELB unzulässig.
- Verkehrszeichen, die in ihrer Ausführung dem Sinn der in §§ 39 bis 43 D-StVO geregelten Verkehrszeichen entsprechen, bleiben gültig.
- Verkehrszeichen, die nicht denen entsprechen, die in den §§ 39 bis 43 D-StVO geregelt sind, bleiben mit hinweisendem Charakter gültig.

(Wegen der Einzelheiten wird auf den Einigungsvertrag vom 31. 8. 1990, BGBl. II S. 885, Anlage I, Kapitel XI, Sachgebiet B, Nr. 14 sowie Anlage II, Kapitel XI, Sachgebiet B, Abschnitt III Nr. 4 verwiesen).

III. Aufbau und Darstellung der StVO

Von einer modernen Straßenverkehrs-Ordnung muß zweierlei verlangt werden: Sie muß mehr Sicherheit für den Straßenverkehr bringen („Unfallverhütungsvorschriften"), und sie muß die Flüssigkeit des Verkehrs fördern.

Aufgrund der Ergebnisse der Unfallursachenforschung steht fest, daß von den in Betracht kommenden Unfallursachen Fahrzeug – Straße – Mensch die beiden ersten kaum eine Rolle spielen. Verkehrsunfälle werden vielmehr ganz überwiegend durch menschliches Versagen verursacht. Und weiterhin: das menschliche Versagen besteht wesentlich in vermeidbaren Verstößen gegen wenige Hauptregeln des Verkehrsrechts. Es wird nicht weit genug rechts gefahren, es wird mit unangemessener Geschwindigkeit gefahren, es wird unzureichender Sicherheitsabstand eingehalten, beim Überholen, bei der Fahrtrichtungsänderung und beim Rückwärtsfahren werden Fehler gemacht, die Vorfahrt wird verletzt. Das sind, sieht man von dem im Rahmen der StVO nicht angesprochenen Problem des Alkohols am Steuer ab, die Hauptunfallursachen. Die zur Vermeidung dieser Verhaltensweisen aufgestellten Regeln müssen besonders herausgestellt werden. Sie müssen einprägsam und eingehend formuliert sein. Das geschieht in den ersten 9 Paragraphen der Straßenverkehrs-Ordnung. Dort finden sich genaue und ins einzelne gehende Vorschriften über das Rechtsfahren und zulässige Abweichungen davon (§ 7), die Geschwindigkeit (§ 3), den richtigen Abstand (§ 4), das Überholen (§ 5), die Vorfahrt (§ 8) sowie über das Abbiegen, Wenden und Rückwärtsfahren (§ 9). Generalklauseln wären insoweit unzulänglich.

Eine Anzahl der Vorschriften dient auch der Verkehrsflüssigkeit, vgl. z. B. § 3 Abs. 2, § 4 Abs. 2, § 7, § 11 Abs. 1.

Zur Darstellung und zum Aufbau der StVO hier nur soviel:

Die StVO bemüht sich um eine einfache Sprache. Sie soll möglichst von jedem Verkehrsteilnehmer verstanden werden. Allerdings darf die Klarheit des Gesetzesbefehls nicht darunter leiden; denn bei den meisten Vorschriften kann ein Verstoß zur Auferlegung von Bußgeld führen (§ 49).

Abstrakte Begriffe und Legaldefinitionen sind für den Juristen nützlich, für den Laien erschweren sie die Lesbarkeit. Die StVO versucht, möglichst ohne sie auszukommen. Wo es unumgänglich ist, einen abstrakten Begriff zu verwenden, werden zunächst Beispiele gebracht, die den abstrakten Begriff verständlich machen, z. B. „an einem haltenden Fahrzeug, einer Absperrung oder einem sonstigen Hindernis" (§ 6). Legaldefinitionen finden sich z. B. in § 7 Abs. 1 („Fahrstreifen"). § 3 Abs. 1 S. 5 („schmale Fahrbahn") und in § 12 Abs. 2 („Parken").

Der Aufbau soll in erster Linie das systematische Lesen erleichtern. Die StVO ist deshalb nicht nach Verkehrsarten, sondern grundsätzlich nach Themen („Geschwindigkeit", „Abstand", „Überholen" usw.) aufgebaut. Nur einzelne Verkehrsarten, z. B. Fußgänger (§ 25), Massenverkehrsmittel (§ 20) sowie der Verkehr auf Autobahnen und Kraftfahrstraßen (§ 18) und das Verhalten an Bahnübergängen (§ 19) erhalten wegen ihrer Bedeutung jeweils besondere Vorschriften.

Die StVO kommt, sieht man von den Durchführungs-, Bußgeld- und Schlußvorschriften (§§ 44 ff.) ab, mit einer Aufteilung in zwei Abschnitte, nämlich „Allgemeine Verkehrsregeln" und „Zeichen und Verkehrseinrichtungen" aus. Bemerkens-

Einführung

wert ist, daß der Inhalt der Verkehrszeichenanlage der 1937er StVO in den Text eingearbeitet wurde (II. Abschnitt). Wird ein Zeichen bereits im I. Abschnitt erwähnt, findet sich eine Verweisung auf die Abbildung des Zeichens (z. B. § 5, § 12, § 13, § 18, § 19).

Wegen der Vorgeschichte der Straßenverkehrs-Ordnung von 1970 sowie wegen weiterer Einzelheiten muß auf die Amtliche Begründung (VkBl. 1970 S. 797 ff.) verwiesen werden. Auch die Amtliche Begründung zu den StVO-Novellen und Ausnahmeverordnungen ist jeweils im Verkehrsblatt veröffentlicht.

1. Straßenverkehrs-Ordnung – StVO –

Vom 16. November 1970

(BGBl. I S.1565, ber. BGBl.1971 I S. 38), geändert durch VO vom 20. Oktober 1972 (BGBl. I S. 2069), vom 27. November 1975 (BGBl. I S. 2967), vom
2. Dezember 1975 (BGBl. I S. 2983), durch Entscheidung des Bundesverfas-
sungsgerichts vom 10. 12. 1975 (BGBl. 1976 I S. 721), durch VO vom 5. August 1976 (BGBl. I S. 2067), vom 24. Mai 1978 (BGBl. I S. 635), vom 21. Juli
1980 (BGBl. I S. 1060), letztere neu erlassen durch VO vom 28. April 1982
(BGBl. I S. 564), vom 21. Juli 1983 (BGBl. I S. 949), vom 6. Juli 1984 (BGBl. I
S. 889), vom 28. Februar 1985 (BGBl. I S. 499), vom 27. Juni 1986 (BGBl. I
S. 939), vom 22. März 1988 (BGBl. I S. 405), vom 23. September 1988 (BGBl.
I S. 1760) und vom 9. November 1989 (BGBl. I S. 1976), mit Maßgaben für
das Gebiet der ehem. DDR durch Anlage I Kapitel XI Sachgebiet B Abschnitt
III Nr. 14 des Einigungsvertrages vom 31. August 1990 (BGBl. II S. 889,
1104), VO vom 15. Oktober 1991 (BGBl. I S. 1992), vom 19. März 1992
(BGBl. I S. 678), vom 22. Dezember 1992 (BGBl. I S. 2482, ber. 1993 S. 223),
vom 14. Dezember 1993 (BGBl. I S. 2043), vom 27. Dezember 1993 (BGBl. I
S. 2378), vom 25. Oktober 1994 (BGBl. I S. 3127) und VO vom 18. Juli 1995
(BGBl. I S. 935)

BGBl. III 9233-1

Inhaltsübersicht

I. Allgemeine Verkehrsregeln

1

Auf Grund des § 6 Abs. 1 des Straßenverkehrsgesetzes in der
Fassung der Bekanntmachung vom 19. Dezember 1952 (Bundesgesetzbl. I S. 837), zuletzt geändert durch Artikel 23 des

Kostenermächtigungs-Änderungsgesetzes vom 23. Juni 1970 (Bundesgesetzbl. I S. 805), wird mit Zustimmung des Bundesrates verordnet:

I. Allgemeine Verkehrsregeln

§ 1. Grundregeln. (1) Die Teilnahme am Straßenverkehr erfordert ständige Vorsicht und gegenseitige Rücksicht.

(2) Jeder Verkehrsteilnehmer hat sich so zu verhalten, daß kein Anderer geschädigt, gefährdet oder mehr, als nach den Umständen unvermeidbar, behindert oder belästigt wird.

§ 2. Straßenbenutzung durch Fahrzeuge. [1](1) Fahrzeuge müssen die Fahrbahn benutzen, von zwei Fahrbahnen die rechte. [2]Seitenstreifen sind nicht Bestandteil der Fahrbahn.

(2) Es ist möglichst weit rechts zu fahren, nicht nur bei Gegenverkehr, beim Überholtwerden, an Kuppen, in Kurven oder bei Unübersichtlichkeit.

(3) Fahrzeuge, die in der Längsrichtung einer Schienenbahn verkehren, müssen diese, soweit möglich, durchfahren lassen.

(3a) [1]Beträgt die Sichtweite durch Nebel, Schneefall oder Regen weniger als 50 m, müssen sich die Führer kennzeichnungspflichtiger Kraftfahrzeuge mit gefährlichen Gütern so verhalten, daß eine Gefährdung anderer ausgeschlossen ist; wenn nötig, ist der nächste geeignete Platz zum Parken aufzusuchen. [2]Gleiches gilt bei Schneeglätte oder Glatteis.

(4) [1]Radfahrer müssen einzeln hintereinander fahren; nebeneinander dürfen sie nur fahren, wenn dadurch der Verkehr nicht behindert wird. [2]Sie haben rechte Radwege zu benutzen; linke Radwege dürfen sie nur benutzen, wenn diese für die Gegenrichtung freigegeben sind (Zeichen 237). [3]Sie haben ferner rechte Seitenstreifen zu benutzen, wenn keine Radwege vorhanden sind und Fußgänger nicht behindert werden. [4]Das gilt auch für Mofas, die durch Treten fortbewegt werden.

(5) [1]Kinder bis zum vollendeten achten Lebensjahr müssen mit Fahrrädern Gehwege benutzen; beim Überqueren einer Fahrbahn müssen sie absteigen. [2]Das gilt nicht, wenn Radwege vorhanden sind. [3]Auf Fußgänger ist besondere Rücksicht zu nehmen.

§ 3. Geschwindigkeit. [1](1) Der Fahrzeugführer darf nur so schnell fahren, daß er sein Fahrzeug ständig beherrscht. [2]Er hat seine Geschwindigkeit insbesondere den Straßen-, Verkehrs-, Sicht- und Wetterverhältnissen sowie seinen persönlichen Fähigkeiten und den Eigenschaften von Fahrzeug und Ladung anzupassen. [3]Beträgt die Sichtweite durch Nebel, Schneefall oder Regen weniger als 50 m, so darf er nicht schneller als 50 km/h fahren, wenn nicht eine geringere Geschwindigkeit geboten ist. [4]Er darf nur so schnell fahren, daß er innerhalb der übersehbaren Strecke halten kann. [5]Auf Fahrbahnen, die so schmal sind, daß dort entgegenkommende Fahrzeuge gefährdet werden könnten, muß er jedoch so langsam fahren, daß er mindestens innerhalb der Hälfte der übersehbaren Strecke halten kann.

(2) Ohne triftigen Grund dürfen Kraftfahrzeuge nicht so langsam fahren, daß sie den Verkehrsfluß behindern.

(2a) Die Fahrzeugführer müssen sich gegenüber Kindern, Hilfsbedürftigen und älteren Menschen, insbesondere durch Verminderung der Fahrgeschwindigkeit und durch Bremsbereitschaft, so verhalten, daß eine Gefährdung dieser Verkehrsteilnehmer ausgeschlossen ist.

(3) [1]Die zulässige Höchstgeschwindigkeit beträgt auch unter günstigsten Umständen

1. innerhalb geschlossener Ortschaften für alle Kraftfahrzeuge
   50 km/h,

2. außerhalb geschlossener Ortschaften
   a) für Kraftfahrzeuge mit einem zulässigen Gesamtgewicht über 2,8 t bis 7,5 t, ausgenommen Personenkraftwagen,
   für Personenkraftwagen mit Anhänger und Lastkraftwagen bis zu einem zulässigen Gesamtgewicht von 2,8 t mit Anhänger
   und für Kraftomnibusse, auch mit Gepäckanhänger
   80 km/h,
   b) für Kraftfahrzeuge mit einem zulässigen Gesamtgewicht über 7,5 t,
   für alle Kraftfahrzeuge mit Anhänger, ausgenommen Personenkraftwagen sowie Lastkraftwagen bis zu einem zulässigen Gesamtgewicht von 2,8 t
   und für Kraftomnibusse mit Fahrgästen, für die keine Sitzplätze mehr zur Verfügung stehen 60 km/h,

c) für Personenkraftwagen sowie für andere Kraftfahrzeuge mit einem zulässigen Gesamtgewicht bis 2,8 t   100 km/h.

[2]Diese Geschwindigkeitsbeschränkung gilt nicht auf Autobahnen (Zeichen 330) sowie auf anderen Straßen mit Fahrbahnen für eine Richtung, die durch Mittelstreifen oder sonstige bauliche Einrichtungen getrennt sind. [3]Sie gilt ferner nicht auf Straßen, die mindestens zwei durch Fahrstreifenbegrenzung (Zeichen 295) oder durch Leitlinien (Zeichen 340) markierte Fahrstreifen für jede Richtung haben.

(4) Die zulässige Höchstgeschwindigkeit beträgt für Kraftfahrzeuge mit Schneeketten auch unter günstigsten Umständen 50 km/h.

§ 4. Abstand. (1) [1]Der Abstand von einem vorausfahrenden Fahrzeug muß in der Regel so groß sein, daß auch dann hinter ihm gehalten werden kann, wenn es plötzlich gebremst wird. [2]Der Vorausfahrende darf nicht ohne zwingenden Grund stark bremsen.

(2) [1]Kraftfahrzeuge, für die eine besondere Geschwindigkeitsbeschränkung gilt, sowie Züge, die länger als 7 m sind, müssen außerhalb geschlossener Ortschaften ständig so großen Abstand von dem vorausfahrenden Kraftfahrzeug halten, daß ein überholendes Kraftfahrzeug einscheren kann. [2]Das gilt nicht,

1. wenn sie zum Überholen ausscheren und dies angekündigt haben,

2. wenn in der Fahrtrichtung mehr als ein Fahrstreifen vorhanden ist oder

3. auf Strecken, auf denen das Überholen verboten ist.

(3) Lastkraftwagen mit einem zulässigen Gesamtgewicht über 2,8 t und Kraftomnibusse müssen auf Autobahnen, wenn ihre Geschwindigkeit mehr als 50 km/h beträgt, von vorausfahrenden Fahrzeugen einen Mindestabstand von 50 m einhalten.

§ 5. Überholen. (1) Es ist links zu überholen.

(2) [1]Überholen darf nur, wer übersehen kann, daß während des ganzen Überholvorgangs jede Behinderung des Gegenverkehrs ausgeschlossen ist. [2]Überholen darf ferner nur, wer mit

wesentlich höherer Geschwindigkeit als der zu Überholende fährt.

(3) Das Überholen ist unzulässig:

1. bei unklarer Verkehrslage oder

2. wo es durch Verkehrszeichen (Zeichen 276, 277) verboten ist.

(3a) Unbeschadet sonstiger Überholverbote dürfen die Führer von Kraftfahrzeugen mit einem zulässigen Gesamtgewicht über 7,5 t nicht überholen, wenn die Sichtweite durch Nebel, Schneefall oder Regen weniger als 50 m beträgt.

(4) [1]Wer zum Überholen ausscheren will, muß sich so verhalten, daß eine Gefährdung des nachfolgenden Verkehrs ausgeschlossen ist. [2]Beim Überholen muß ein ausreichender Seitenabstand zu anderen Verkehrsteilnehmern, insbesondere zu Fußgängern und Radfahrern, eingehalten werden. [3]Der Überholende muß sich sobald wie möglich wieder nach rechts einordnen. [4]Er darf dabei den Überholten nicht behindern.

(4a) Das Ausscheren zum Überholen und das Wiedereinordnen sind rechtzeitig und deutlich anzukündigen; dabei sind die Fahrtrichtungsanzeiger zu benutzen.

(5) [1]Außerhalb geschlossener Ortschaften darf das Überholen durch kurze Schall- oder Leuchtzeichen angekündigt werden. [2]Wird mit Fernlicht geblinkt, so dürfen entgegenkommende Fahrzeugführer nicht geblendet werden.

(6) [1]Wer überholt wird, darf seine Geschwindigkeit nicht erhöhen. [2]Der Führer eines langsameren Fahrzeugs muß seine Geschwindigkeit an geeigneter Stelle ermäßigen, notfalls warten, wenn nur so mehreren unmittelbar folgenden Fahrzeugen das Überholen möglich ist. [3]Hierzu können auch geeignete Seitenstreifen in Anspruch genommen werden; das gilt nicht auf Autobahnen.

(7) [1]Wer seine Absicht, nach links abzubiegen, ankündigt und sich eingeordnet hat, ist rechts zu überholen. [2]Schienenfahrzeuge sind rechts zu überholen. [3]Nur wer das nicht kann, weil die Schienen zu weit rechts liegen, darf links überholen. [4]Auf Fahrbahnen für eine Richtung dürfen Schienenfahrzeuge auch links überholt werden.

(8) Ist ausreichender Raum vorhanden, dürfen Radfahrer und Mofa-Fahrer Fahrzeuge, die auf dem rechten Fahrstreifen war-

ten, mit mäßiger Geschwindigkeit und besonderer Vorsicht rechts überholen.

§ 6. Vorbeifahren. [1]Wer an einem haltenden Fahrzeug, einer Absperrung oder einem sonstigen Hindernis auf der Fahrbahn links vorbeifahren will, muß entgegenkommende Fahrzeuge durchfahren lassen. [2]Muß er ausscheren, so hat er auf den nachfolgenden Verkehr zu achten und das Ausscheren sowie das Wiedereinordnen – wie beim Überholen – anzukündigen.

§ 7. Benutzung von Fahrstreifen durch Kraftfahrzeuge.

(1) [1]Auf Fahrbahnen mit mehreren Fahrstreifen für eine Richtung dürfen Kraftfahrzeuge von dem Gebot, möglichst weit rechts zu fahren (§ 2 Abs. 2), abweichen, wenn die Verkehrsdichte das rechtfertigt. [2]Fahrstreifen ist der Teil einer Fahrbahn, den ein mehrspuriges Fahrzeug zum ungehinderten Fahren im Verlauf der Fahrbahn benötigt.

(2) Ist der Verkehr so dicht, daß sich auf den Fahrstreifen für eine Richtung Fahrzeugschlangen gebildet haben, so darf rechts schneller als links gefahren werden.

(2a) Wenn auf der Fahrbahn für eine Richtung eine Fahrzeugschlange auf dem jeweils linken Fahrstreifen steht oder langsam fährt, dürfen Fahrzeuge diese mit geringfügig höherer Geschwindigkeit und mit äußerster Vorsicht rechts überholen.

(3) [1]Innerhalb geschlossener Ortschaften – ausgenommen auf Autobahnen (Zeichen 330) – dürfen Kraftfahrzeuge mit einem zulässigen Gesamtgewicht bis zu 2,8 t auf Fahrbahnen mit mehreren markierten Fahrstreifen für eine Richtung (Zeichen 296 oder 340) den Fahrstreifen frei wählen, auch wenn die Voraussetzungen des Absatzes 1 Satz 1 nicht vorliegen. [2]Dann darf rechts schneller als links gefahren werden.

(4) Ist auf Straßen mit mehreren Fahrstreifen für eine Richtung das durchgehende Befahren eines Fahrstreifens nicht möglich oder endet ein Fahrstreifen, so ist den am Weiterfahren gehinderten Fahrzeugen der Übergang auf den benachbarten Fahrstreifen in der Weise zu ermöglichen, daß sich diese Fahrzeuge jeweils im Wechsel nach einem auf dem durchgehenden Fahrstreifen fahrenden Fahrzeug einordnen können (Reißverschlußverfahren).

(5) [1]In allen Fällen darf ein Fahrstreifen nur gewechselt werden, wenn eine Gefährdung anderer Verkehrsteilnehmer ausge-

schlossen ist. [2]Jeder Fahrstreifenwechsel ist rechtzeitig und deutlich anzukündigen; dabei sind die Fahrtrichtungsanzeiger zu benutzen.

§ 8. Vorfahrt. (1) [1]An Kreuzungen und Einmündungen hat die Vorfahrt, wer von rechts kommt. [2]Das gilt nicht,

1. wenn die Vorfahrt durch Verkehrszeichen besonders geregelt ist (Zeichen 205, 206, 301, 306) oder

2. für Fahrzeuge, die aus einem Feld- oder Waldweg auf eine andere Straße kommen.

(2) [1]Wer die Vorfahrt zu beachten hat, muß rechtzeitig durch sein Fahrverhalten, insbesondere durch mäßige Geschwindigkeit, erkennen lassen, daß er warten wird. [2]Er darf nur weiterfahren, wenn er übersehen kann, daß er den, der die Vorfahrt hat, weder gefährdet noch wesentlich behindert. [3]Kann er das nicht übersehen, weil die Straßenstelle unübersichtlich ist, so darf er sich vorsichtig in die Kreuzung oder Einmündung hineintasten, bis er die Übersicht hat. [4]Auch wenn der, der die Vorfahrt hat, in die andere Straße abbiegt, darf ihn der Wartepflichtige nicht wesentlich behindern.

(3) *(aufgehoben)*

§ 9. Abbiegen, Wenden und Rückwärtsfahren. (1) [1]Wer abbiegen will, muß dies rechtzeitig und deutlich ankündigen; dabei sind die Fahrtrichtungsanzeiger zu benutzen. [2]Wer nach rechts abbiegen will, hat sein Fahrzeug möglichst weit rechts, wer nach links abbiegen will, bis zur Mitte, auf Fahrbahnen für eine Richtung möglichst weit links einzuordnen, und zwar rechtzeitig. [3]Wer nach links abbiegen will, darf sich auf längs verlegten Schienen nur einordnen, wenn er kein Schienenfahrzeug behindert. [4]Vor dem Einordnen und nochmals vor dem Abbiegen ist auf den nachfolgenden Verkehr zu achten; vor dem Abbiegen ist es dann nicht nötig, wenn eine Gefährdung nachfolgenden Verkehrs ausgeschlossen ist.

(2) [1]Radfahrer, die auf der Fahrbahn abbiegen wollen, müssen an der rechten Seite der in gleicher Richtung abbiegenden Fahrzeuge bleiben, wenn dort ausreichender Raum vorhanden ist. [2]Radfahrer, die nach links abbiegen wollen, brauchen sich nicht einzuordnen. [3]Sie können die Fahrbahn hinter der Kreuzung oder Einmündung vom rechten Fahrbahnrand aus über-

queren. [4]Dabei müssen sie absteigen, wenn es die Verkehrslage erfordert. [5]Ist eine Radwegeführung vorhanden, so ist dieser zu folgen.

(3) [1]Wer abbiegen will, muß entgegenkommende Fahrzeuge durchfahren lassen, Schienenfahrzeuge, Fahrräder mit Hilfsmotor und Radfahrer auch dann, wenn sie auf oder neben der Fahrbahn in der gleichen Richtung fahren. [2]Dies gilt auch gegenüber Linienomnibussen und sonstigen Fahrzeugen, die gekennzeichnete Sonderfahrstreifen benutzen. [3]Auf Fußgänger muß er besondere Rücksicht nehmen; wenn nötig, muß er warten.

(4) [1]Wer nach links abbiegen will, muß entgegenkommende Fahrzeuge, die ihrerseits nach rechts abbiegen wollen, durchfahren lassen. [2]Führer von Fahrzeugen, die einander entgegenkommen und jeweils nach links abbiegen wollen, müssen voreinander abbiegen, es sei denn, die Verkehrslage oder die Gestaltung der Kreuzung erfordern, erst dann abzubiegen, wenn die Fahrzeuge aneinander vorbeigefahren sind.

(5) Beim Abbiegen in ein Grundstück, beim Wenden und beim Rückwärtsfahren muß sich der Fahrzeugführer darüber hinaus so verhalten, daß eine Gefährdung anderer Verkehrsteilnehmer ausgeschlossen ist; erforderlichenfalls hat er sich einweisen zu lassen.

§ 10. Einfahren und Anfahren. [1]Wer aus einem Grundstück, aus einem Fußgängerbereich (Zeichen 242 und 243), aus einem verkehrsberuhigten Bereich (Zeichen 325/326) auf die Straße oder von anderen Straßenteilen oder über einen abgesenkten Bordstein hinweg auf die Fahrbahn einfahren oder vom Fahrbahnrand anfahren will, hat sich dabei so zu verhalten, daß eine Gefährdung anderer Verkehrsteilnehmer ausgeschlossen ist; erforderlichenfalls hat er sich einweisen zu lassen. [2]Er hat seine Absicht rechtzeitig und deutlich anzukündigen; dabei sind die Fahrtrichtungsanzeiger zu benutzen.

§ 11. Besondere Verkehrslagen. (1) Stockt der Verkehr, so darf trotz Vorfahrt oder grünem Lichtzeichen niemand in die Kreuzung oder Einmündung einfahren, wenn er auf ihr warten müßte.

(2) Stockt der Verkehr auf Autobahnen und Außerortsstraßen mit mindestens zwei Fahrstreifen für eine Richtung, so

müssen Fahrzeuge für die Durchfahrt von Polizei- und Hilfsfahrzeugen in der Mitte der Richtungsfahrbahn, bei Fahrbahnen mit drei Fahrstreifen für eine Richtung zwischen dem linken und dem mittleren Fahrstreifen, eine freie Gasse bilden.

(3) Auch wer sonst nach den Verkehrsregeln weiterfahren darf oder anderweitig Vorrang hat, muß darauf verzichten, wenn die Verkehrslage es erfordert; auf einen Verzicht darf der andere nur vertrauen, wenn er sich mit dem Verzichtenden verständigt hat.

§ 12. Halten und Parken. (1) Das Halten ist unzulässig

1. an engen und an unübersichtlichen Straßenstellen,

2. im Bereich von scharfen Kurven,

3. auf Beschleunigungsstreifen und auf Verzögerungsstreifen,

4. auf Fußgängerüberwegen sowie bis zu 5 m davor,

5. auf Bahnübergängen,

6. soweit es durch folgende Verkehrszeichen oder Lichtzeichen verboten ist:
   a) Haltverbot (Zeichen 283),
   b) eingeschränktes Haltverbot (Zeichen 286),
   c) Fahrbahnbegrenzung (Zeichen 295 Buchstabe b, bb),
   d) Richtungspfeile auf der Fahrbahn (Zeichen 297),
   e) Grenzmarkierung für Halteverbote (Zeichen 299),
   f) rotes Dauerlicht (§ 37 Abs. 3),

7. bis zu 10 m vor Lichtzeichen und den Zeichen „Dem Schienenverkehr Vorrang gewähren" (Zeichen 201), „Vorfahrt gewähren!" (Zeichen 205) und „Halt! Vorfahrt gewähren!" (Zeichen 206), wenn sie dadurch verdeckt werden und

8. vor und in amtlich gekennzeichneten Feuerwehrzufahrten,

9. an Taxenständen (Zeichen 229).

(1a) Taxen ist das Halten verboten, wenn sie einen Fahrstreifen benutzen, der ihnen und den Linienomnibussen vorbehalten ist, ausgenommen an Bushaltestellen zum sofortigen Ein- und Aussteigenlassen von Fahrgästen.

(2) Wer sein Fahrzeug verläßt oder länger als drei Minuten hält, der parkt.

(3) Das Parken ist unzulässig

1. vor und hinter Kreuzungen und Einmündungen bis zu je 5 m von den Schnittpunkten der Fahrbahnkanten,

2. wenn es die Benutzung gekennzeichneter Parkflächen verhindert,

3. vor Grundstückein- und -ausfahrten, auf schmalen Fahrbahnen auch ihnen gegenüber,

4. bis zu je 15 m vor und hinter Haltestellenschildern (Zeichen 224),

5. *(gestrichen)*

6. vor und hinter Andreaskreuzen (Zeichen 201)
   a) innerhalb geschlossener Ortschaften (Zeichen 310 und 311) bis zu je 5 m,
   b) außerhalb geschlossener Ortschaften bis zu je 50 m,

7. über Schachtdeckeln und anderen Verschlüssen, wo durch Zeichen 315 oder eine Parkflächenmarkierung (§ 41 Abs. 3 Nr. 7) das Parken auf Gehwegen erlaubt ist,

8. soweit es durch folgende Verkehrszeichen verboten ist:
   a)[1] Vorfahrtstraße (Zeichen 306) außerhalb geschlossener Ortschaften,
   b) Fahrstreifenbegrenzung (Zeichen 295 Buchstabe a) oder einseitige Fahrstreifenbegrenzung (Zeichen 296 Buchstabe b),
   c) Parken auf Gehwegen (Zeichen 315), auch mit Zusatzschild,
   d) Grenzmarkierung für Parkverbote (Zeichen 299) und
   e) Parkplatz (Zeichen 314) mit Zusatzschild,

9. vor Bordsteinabsenkungen.

(3a) [1]Mit Kraftfahrzeugen mit einem zulässigen Gesamtgewicht über 7,5 t sowie mit Kraftfahrzeuganhängern über 2 t zulässiges Gesamtgewicht ist innerhalb geschlossener Ortschaften

1. in reinen und allgemeinen Wohngebieten,

2. in Sondergebieten, die der Erholung dienen,

3. in Kurgebieten und

4. in Klinikgebieten

das regelmäßige Parken in der Zeit von 22.00 bis 06.00 Uhr sowie an Sonn- und Feiertagen unzulässig.

---

[1] Im Gebiet der ehem. DDR steht das Zeichen 401 – Bundesstraßennummernschild – im Sinne des § 12 Abs. 3 Nr. 8 Buchst. a dem Zeichen 306 – Vorfahrtstraße – gleich, vgl. Evertr v. 31. 8. 1990 (BGBl. II S. 889, 1105).

[2]Das gilt nicht auf entsprechend gekennzeichneten Parkplätzen sowie für das Parken von Linienomnibussen an Endhaltestellen.

(3b) [1]Mit Kraftfahrzeuganhängern ohne Zugfahrzeug darf nicht länger als zwei Wochen geparkt werden. [2]Das gilt nicht auf entsprechend gekennzeichneten Parkplätzen.

(4) [1]Zum Parken ist der rechte Seitenstreifen, dazu gehören auch entlang der Fahrbahn angelegte Parkstreifen, zu benutzen, wenn er dazu ausreichend befestigt ist, sonst ist an den rechten Fahrbahnrand heranzufahren. [2]Das gilt in der Regel auch für den, der nur halten will; jedenfalls muß auch er dazu auf der rechten Fahrbahnseite rechts bleiben. [3]Taxen dürfen, wenn die Verkehrslage es zuläßt, neben anderen Fahrzeugen, die auf dem Seitenstreifen oder am rechten Fahrbahnrand halten oder parken, Fahrgäste ein- oder aussteigen lassen. [4]Soweit auf der rechten Seite Schienen liegen sowie in Einbahnstraßen (Zeichen 220) darf links gehalten und geparkt werden. [5]Im Fahrraum von Schienenfahrzeugen darf nicht gehalten werden.

(4a) Ist das Parken auf dem Gehweg erlaubt, so ist hierzu nur der rechte Gehweg, in Einbahnstraßen der rechte oder linke Gehweg zu benutzen.

(4b) *(aufgehoben)*

(5) [1]An einer Parklücke hat Vorrang, wer sie zuerst unmittelbar erreicht; der Vorrang bleibt erhalten, wenn der Berechtigte an der Parklücke vorbeifährt, um rückwärts einzuparken oder wenn er sonst zusätzliche Fahrbewegungen ausführt, um in die Parklücke einzufahren. [2]Satz 1 gilt entsprechend für Fahrzeugführer, die an einer freiwerdenden Parklücke warten.

(6) Es ist platzsparend zu parken; das gilt in der Regel auch für das Halten.

§ 13. Einrichtungen zur Überwachung der Parkzeit. (1)
[1]An Parkuhren darf nur während des Laufens der Uhr, an Parkscheinautomaten nur mit einem Parkschein, der am oder im Fahrzeug von außen gut lesbar angebracht sein muß, für die Dauer der zulässigen Parkzeit gehalten werden. [2]Ist eine Parkuhr oder ein Parkscheinautomat nicht funktionsfähig, so darf nur bis zur angegebenen Höchstparkdauer geparkt werden. [3]In diesem Fall ist die Parkscheibe zu verwenden (Abs. 2 Satz 1 Nr. 2). [4]Die Parkzeitregelungen können auf bestimmte Stunden oder Tage beschränkt sein.

(2) [1]Wird im Bereich eines eingeschränkten Haltverbots für eine Zone (Zeichen 290 und 292) oder beim Zeichen 314 oder 315 durch ein Zusatzschild die Benutzung einer Parkscheibe (Bild 291) vorgeschrieben, so ist das Halten nur erlaubt,

1. für die Zeit, die auf dem Zusatzschild angegeben ist und

2. wenn das Fahrzeug eine von außen gut lesbare Parkscheibe hat und wenn der Zeiger der Scheibe auf den Strich der halben Stunde eingestellt ist, die dem Zeitpunkt des Anhaltens folgt.

[2]Wo in dem eingeschränkten Haltverbot für eine Zone Parkuhren oder Parkscheinautomaten aufgestellt sind, gelten deren Anordnungen. [3]Im übrigen bleiben die Halt- und Parkverbote des § 12 unberührt.

(3) Einrichtungen zur Überwachung der Parkzeit brauchen nicht betätigt zu werden

1. beim Ein- oder Aussteigen sowie

2. zum Be- oder Entladen.

§ 14. Sorgfaltspflichten beim Ein- und Aussteigen. (1) Wer ein- oder aussteigt, muß sich so verhalten, daß eine Gefährdung anderer Verkehrsteilnehmer ausgeschlossen ist.

(2) [1]Verläßt der Führer sein Fahrzeug, so muß er die nötigen Maßnahmen treffen, um Unfälle oder Verkehrsstörungen zu vermeiden. [2]Kraftfahrzeuge sind auch gegen unbefugte Benutzung zu sichern.

§ 15. Liegenbleiben von Fahrzeugen. [1]Bleibt ein mehrspuriges Fahrzeug an einer Stelle liegen, an der es nicht rechtzeitig als stehendes Hindernis erkannt werden kann, so ist sofort Warnblinklicht einzuschalten. [2]Danach ist mindestens ein auffällig warnendes Zeichen gut sichtbar in ausreichender Entfernung aufzustellen, und zwar bei schnellem Verkehr in etwa 100 m Entfernung; vorgeschriebene Sicherungsmittel, wie Warndreiecke, sind zu verwenden. [3]Darüber hinaus gelten die Vorschriften über die Beleuchtung haltender Fahrzeuge.

§ 15a. Abschleppen von Fahrzeugen. (1) Beim Abschleppen eines auf der Autobahn liegengebliebenen Fahrzeugs ist die Autobahn (Zeichen 330) bei der nächsten Ausfahrt zu verlassen.

(2) Beim Abschleppen eines außerhalb der Autobahn liegengebliebenen Fahrzeugs darf nicht in die Autobahn eingefahren werden.

(3) Während des Abschleppens haben beide Fahrzeuge Warnblinklicht einzuschalten.

(4) Krafträder dürfen nicht abgeschleppt werden.

§ 16. Warnzeichen. (1) Schall- und Leuchtzeichen darf nur geben

1. wer außerhalb geschlossener Ortschaften überholt (§ 5 Abs. 5) oder

2. wer sich oder andere gefährdet sieht.

(2) [1]Der Führer eines Omnibusses des Linienverkehrs oder eines gekennzeichneten Schulbusses muß Warnblinklicht einschalten, wenn er sich einer Haltestelle nähert und solange Fahrgäste ein- oder aussteigen, soweit die Straßenverkehrsbehörde für bestimmte Haltestellen ein solches Verhalten angeordnet hat. [2]Im übrigen darf außer beim Liegenbleiben (§ 15) und beim Abschleppen von Fahrzeugen (§ 15a) Warnblinklicht nur einschalten, wer andere durch sein Fahrzeug gefährdet oder andere vor Gefahren warnen will.

(3) Schallzeichen dürfen nicht aus einer Folge verschieden hoher Töne bestehen.

§ 17. Beleuchtung. (1) [1]Während der Dämmerung, bei Dunkelheit oder wenn die Sichtverhältnisse es sonst erfordern, sind die vorgeschriebenen Beleuchtungseinrichtungen zu benutzen. [2]Die Beleuchtungseinrichtungen dürfen nicht verdeckt oder verschmutzt sein.

(2) [1]Mit Begrenzungsleuchten (Standlicht) allein darf nicht gefahren werden. [2]Auf Straßen mit durchgehender, ausreichender Beleuchtung darf auch nicht mit Fernlicht gefahren werden. [3]Es ist rechtzeitig abzublenden, wenn ein Fahrzeug entgegenkommt oder mit geringem Abstand vorausfährt oder wenn es sonst die Sicherheit des Verkehrs auf oder neben der Straße erfordert. [4]Wenn nötig, ist entsprechend langsamer zu fahren.

(2a) Krafträder müssen auch am Tage mit Abblendlicht fahren.

(3) [1]Behindert Nebel, Schneefall oder Regen die Sicht erheblich, dann ist auch am Tage mit Abblendlicht zu fahren. [2]Nur

bei solcher Witterung dürfen Nebelscheinwerfer eingeschaltet sein. [3]Bei zwei Nebelscheinwerfern genügt statt des Abblendlichts die zusätzliche Benutzung der Begrenzungsleuchten. [4]An Krafträdern ohne Beiwagen braucht nur der Nebelscheinwerfer benutzt zu werden. [5]Nebelschlußleuchten dürfen nur dann benutzt werden, wenn durch Nebel die Sichtweite weniger als 50 m beträgt.

(4) [1]Haltende Fahrzeuge sind außerhalb geschlossener Ortschaften mit eigener Lichtquelle zu beleuchten. [2]Innerhalb geschlossener Ortschaften genügt es, nur die der Fahrbahn zugewandte Fahrzeugseite durch Parkleuchten oder auf andere zugelassene Weise kenntlich zu machen; eigene Beleuchtung ist entbehrlich, wenn die Straßenbeleuchtung das Fahrzeug auf ausreichende Entfernung deutlich sichtbar macht. [3]Auf der Fahrbahn haltende Fahrzeuge, ausgenommen Personenkraftwagen, mit einem zulässigen Gesamtgewicht von mehr als 2,8 t und Anhänger sind innerhalb geschlossener Ortschaften stets mit eigener Lichtquelle zu beleuchten oder durch andere zugelassene lichttechnische Einrichtungen kenntlich zu machen. [4]Fahrzeuge, die ohne Schwierigkeiten von der Fahrbahn entfernt werden können, wie Krafträder, Fahrräder mit Hilfsmotor, Fahrräder, Krankenfahrstühle, einachsige Zugmaschinen, einachsige Anhänger, Handfahrzeuge oder unbespannte Fuhrwerke dürfen bei Dunkelheit dort nicht unbeleuchtet stehen gelassen werden.

(4a) [1]Soweit bei Militärfahrzeugen von den allgemeinen Beleuchtungsvorschriften abgewichen wird, sind gelb-rote retroreflektierende Warntafeln oder gleichwertige Absicherungsmittel zu verwenden. [2]Im übrigen können sie an diesen Fahrzeugen zusätzlich verwendet werden.

(5) Führen Fußgänger einachsige Zug- oder Arbeitsmaschinen an Holmen oder Handfahrzeuge mit, so ist mindestens eine nach vorn und hinten gut sichtbare, nicht blendende Leuchte mit weißem Licht auf der linken Seite anzubringen oder zu tragen.

(6) Suchscheinwerfer dürfen nur kurz und nicht zum Beleuchten der Fahrbahn benutzt werden.

§ 18. Autobahnen und Kraftfahrstraßen. (1) [1]Autobahnen (Zeichen 330) und Kraftfahrstraßen (Zeichen 331) dürfen nur mit Kraftfahrzeugen benutzt werden, deren durch die Bauart bestimmte Höchstgeschwindigkeit mehr als 60 km/h beträgt;

werden Anhänger mitgeführt, so gilt das gleiche auch für diese.
[2]Fahrzeug und Ladung dürfen zusammen nicht höher als 4 m
und nicht breiter als 2,55 m sein. [3]Kühlfahrzeuge dürfen nicht
breiter als 2,6 m sein.

(2) Auf Autobahnen darf nur an gekennzeichneten Anschlußstellen (Zeichen 330) eingefahren werden, auf Kraftfahrstraßen
nur an Kreuzungen oder Einmündungen.

(3) Der Verkehr auf der durchgehenden Fahrbahn hat die
Vorfahrt.

(4) *(aufgehoben)*

(5) [1]Auf Autobahnen darf innerhalb geschlossener Ortschaften schneller als 50 km/h gefahren werden. [2]Auf ihnen sowie
außerhalb geschlossener Ortschaften auf Kraftfahrstraßen mit
Fahrbahnen für eine Richtung, die durch Mittelstreifen oder
sonstige bauliche Einrichtungen getrennt sind, beträgt die zulässige Höchstgeschwindigkeit auch unter günstigsten Umständen

1. für Kraftfahrzeuge mit einem zulässigen Gesamtgewicht von mehr als 2,8 t, ausgenommen Personenkraftwagen,
für Personenkraftwagen mit Anhänger, Lastkraftwagen mit Anhänger, Wohnmobile mit Anhänger und Zugmaschinen mit Anhänger
sowie für Kraftomnibusse ohne Anhänger oder
mit Gepäckanhänger   80 km/h,
2. für Krafträder mit Anhänger und selbstfahrende
Arbeitsmaschinen mit Anhänger,
für Zugmaschinen mit zwei Anhängern sowie für
Kraftomnibusse mit Anhänger oder Fahrgästen,
für die keine Sitzplätze mehr zur Verfügung stehen   60 km/h,
3. für Kraftomnibusse ohne Anhänger,
   a) die nach Eintragung im Fahrzeugschein geeignet sind, eine Höchstgeschwindigkeit von
   100 km/h zu fahren,
   b) deren Motorleistung mindestens 11 kW/t des
   zulässigen Gesamtgewichts beträgt und
   c) an deren Rückseite eine mit dem Siegel der
   Zulassungsstelle versehene „100"-Plakette angebracht ist,   100 km/h.

(6) Wer auf der Autobahn mit Abblendlicht fährt, braucht seine Geschwindigkeit nicht der Reichweite des Abblendlichts anzupassen, wenn

1. die Schlußleuchten des vorausfahrenden Kraftfahrzeugs klar erkennbar sind und ein ausreichender Abstand von ihm eingehalten wird oder

2. der Verlauf der Fahrbahn durch Leiteinrichtungen mit Rückstrahlern und, zusammen mit fremdem Licht, Hindernisse rechtzeitig erkennbar sind.

(7) Wenden und Rückwärtsfahren sind verboten.

(8) Halten, auch auf Seitenstreifen, ist verboten.

(9) [1]Fußgänger dürfen Autobahnen nicht betreten. [2]Kraftfahrstraßen dürfen sie nur an Kreuzungen, Einmündungen oder sonstigen dafür vorgesehenen Stellen überschreiten; sonst ist jedes Betreten verboten.

(10) [1]Die Ausfahrt von Autobahnen ist nur an Stellen erlaubt, die durch die Ausfahrttafel (Zeichen 332) und durch das Pfeilschild (Zeichen 333) oder durch eins dieser Zeichen gekennzeichnet sind. [2]Die Ausfahrt von Kraftfahrstraßen ist nur an Kreuzungen oder Einmündungen erlaubt.

§ 19. Bahnübergänge. (1) [1]Schienenfahrzeuge haben Vorrang

1. auf Bahnübergängen mit Andreaskreuz (Zeichen 201),

2. auf Bahnübergängen über Fuß-, Feld-, Wald- oder Radwege und

3. in Hafen- und Industriegebieten, wenn an den Einfahrten das Andreaskreuz mit dem Zusatzschild „Hafengebiet, Schienenfahrzeuge haben Vorrang" oder „Industriegebiet, Schienenfahrzeuge haben Vorrang" steht.

[2]Der Straßenverkehr darf sich solchen Bahnübergängen nur mit mäßiger Geschwindigkeit nähern.

(2) [1]Fahrzeuge haben vor dem Andreaskreuz, Fußgänger in sicherer Entfernung vor dem Bahnübergang zu warten, wenn

1. sich ein Schienenfahrzeug nähert,

2. rotes Blinklicht oder gelbe oder rote Lichtzeichen gegeben werden,

3. die Schranken sich senken oder geschlossen sind oder

4. ein Bahnbediensteter Halt gebietet.

[2]Hat rotes Blinklicht die Form eines Pfeiles, so hat nur zu warten, wer in der Richtung des Pfeiles abbiegen will. [3]Das Senken der Schranken kann durch Glockenzeichen angekündigt werden.

(3) Lastkraftwagen mit einem zulässigen Gesamtgewicht über 7,5 t und Züge haben in den Fällen des Absatzes 2 Nr. 2 und 3 außerhalb geschlossener Ortschaften auf Straßen, auf denen sie von mehrspurigen Fahrzeugen überholt werden können und dürfen, schon unmittelbar nach der einstreifigen Bake (Zeichen 162) zu warten.

(4) Kann der Bahnübergang wegen des Straßenverkehrs nicht zügig und ohne Aufenthalt überquert werden, ist vor dem Andreaskreuz zu warten.

(5) Wer einen Fuß-, Feld-, Wald- oder Radweg benutzt, muß sich an Bahnübergängen ohne Andreaskreuz entsprechend verhalten.

(6) [1]Vor Bahnübergängen ohne Vorrang der Schienenfahrzeuge ist in sicherer Entfernung zu warten, wenn ein Bahnbediensteter mit einer weiß-rot-weißen Fahne oder einer roten Leuchte Halt gebietet. [2]Werden gelbe oder rote Lichtzeichen gegeben, gilt § 37 Abs. 2 Nr. 1 entsprechend.

(7) Die Scheinwerfer wartender Kraftfahrzeuge dürfen niemand blenden.

§ 20. Öffentliche Verkehrsmittel und Schulbusse.

(1) An Omnibussen des Linienverkehrs, an Straßenbahnen und an gekennzeichneten Schulbussen, die an Haltestellen (Zeichen 224) halten, darf, auch im Gegenverkehr, nur vorsichtig vorbeigefahren werden.

(2) [1]Wenn Fahrgäste ein- oder aussteigen, darf rechts nur mit Schrittgeschwindigkeit und nur in einem solchen Abstand vorbeigefahren werden, daß eine Gefährdung von Fahrgästen ausgeschlossen ist. [2]Sie dürfen auch nicht behindert werden. [3]Wenn nötig, muß der Fahrzeugführer warten.

(3) Omnibusse des Linienverkehrs und gekennzeichnete Schulbusse, die sich einer Haltestelle (Zeichen 224) nähern und Warnblinklicht eingeschaltet haben, dürfen nicht überholt werden.

(4) [1]An Omnibussen des Linienverkehrs und an gekennzeichneten Schulbussen, die an Haltestellen (Zeichen 224) halten und

Warnblinklicht eingeschaltet haben, darf nur mit Schrittgeschwindigkeit und nur in einem solchen Abstand vorbeigefahren werden, daß eine Gefährdung von Fahrgästen ausgeschlossen ist. [2]Die Schrittgeschwindigkeit gilt auch für den Gegenverkehr auf derselben Fahrbahn. [3]Die Fahrgäste dürfen auch nicht behindert werden. [4]Wenn nötig, muß der Fahrzeugführer warten.

(5) [1]Omnibussen des Linienverkehrs und Schulbussen ist das Abfahren von gekennzeichneten Haltestellen zu ermöglichen. [2]Wenn nötig, müssen andere Fahrzeuge warten.

(6) Personen, die öffentliche Verkehrsmittel benutzen wollen, müssen sie auf den Gehwegen, den Seitenstreifen oder einer Haltestelleninsel, sonst am Rand der Fahrbahn erwarten.

§ 21. Personenbeförderung. (1) Es ist verboten, Personen mitzunehmen

1. auf Krafträdern ohne besonderen Sitz,

2. auf Zugmaschinen ohne geeignete Sitzgelegenheit oder

3. in Wohnwagen mit nur einer Achse oder mit Doppelachse hinter Kraftfahrzeugen.

(1 a) [1]Kinder bis zum vollendeten 12. Lebensjahr, die kleiner als 150 cm sind, dürfen in Kraftfahrzeugen auf Sitzen, für die Sicherheitsgurte vorgeschrieben sind, nur mitgenommen werden, wenn Rückhalteeinrichtungen für Kinder benutzt werden, die amtlich genehmigt und für das Kind geeignet sind. [2]Bis zum 31. Dezember 1997 gilt dies nicht für die Mitnahme von Kindern auf Rücksitzen in Taxen, soweit nicht eine regelmäßige Beförderung der Kinder gegeben ist. [3]Abweichend von Satz 1 dürfen Kinder auf Rücksitzen ohne Sicherung durch Rückhalteeinrichtungen befördert werden, wenn wegen der Sicherung von anderen Personen für die Befestigung von Rückhalteeinrichtungen für Kinder keine Möglichkeit mehr besteht.

(2) [1]Auf der Ladefläche von Lastkraftwagen dürfen nur bis zu 8 Personen mitgenommen werden, wenn sie die Ladung begleiten müssen, auf der Ladefläche zu arbeiten haben oder wenn sie mit ihrem Arbeitgeber eingesetzten Fahrzeug zu oder von ihrer Arbeitsstelle befördert werden. [2]Auf der Ladefläche von Anhängern darf niemand mitgenommen werden. [3]Jedoch dürfen auf Anhängern, wenn diese für land- oder forstwirtschaftliche Zwecke eingesetzt werden, Personen auf geeigneten

Sitzgelegenheiten mitgenommen werden. [4]Das Stehen während der Fahrt ist verboten, soweit es nicht zur Begleitung der Ladung oder zur Arbeit auf der Ladefläche erforderlich ist.

(3) Auf Fahrrädern dürfen nur Kinder unter 7 Jahren von mindestens 16 Jahre alten Personen mitgenommen werden, wenn für die Kinder besondere Sitze vorhanden sind und durch Radverkleidungen oder gleich wirksame Vorrichtungen dafür gesorgt ist, daß die Füße der Kinder nicht in die Speichen geraten können.

§ 21a. Sicherheitsgurte, Schutzhelme. (1) [1]Vorgeschriebene Sicherheitsgurte müssen während der Fahrt angelegt sein. [2]Das gilt nicht für

1. Taxifahrer und Mietwagenfahrer bei der Fahrgastbeförderung,

2. Lieferanten beim Haus-zu-Haus-Verkehr im Auslieferungsbezirk,

3. Fahrten mit Schrittgeschwindigkeit wie Rückwärtsfahren, Fahrten auf Parkplätzen,

4. *(aufgehoben)*

(2) Die Führer von Krafträdern und ihre Beifahrer müssen während der Fahrt amtliche genehmigte Schutzhelme tragen.

§ 22. Ladung. (1) Die Ladung sowie Spannketten, Geräte und sonstige Ladeeinrichtungen sind verkehrssicher zu verstauen und gegen Herabfallen und vermeidbares Lärmen besonders zu sichern.

(2) [1]Fahrzeug und Ladung dürfen zusammen nicht höher als 4 m und nicht breiter als 2,55 m sein. [2]Fahrzeuge, die für land- oder forstwirtschaftliche Zwecke eingesetzt werden, dürfen, wenn sie mit land- oder forstwirtschaftlichen Erzeugnissen beladen sind, samt Ladung höher als 4 m, aber nicht breiter als 3 m sein. [3]Kühlfahrzeuge dürfen nicht breiter als 2,6 m sein.

(3) Die Ladung darf nach vorn nicht über das Fahrzeug, bei Zügen nicht über das ziehende Fahrzeug hinausragen.

(4) [1]Nach hinten darf die Ladung bis zu 1,5 m hinausragen, jedoch bei Beförderung über eine Wegstrecke bis zu einer Entfernung von 100 km bis zu 3 m; die außerhalb des Geltungsbereichs dieser Verordnung zurückgelegten Wegstrecken werden nicht berücksichtigt. [2]Fahrzeug oder Zug samt Ladung darf

nicht länger als 20 m sein. [3]Ragt das äußerste Ende der Ladung mehr als 1 m über die Rückstrahler des Fahrzeugs nach hinten hinaus, so ist es kenntlich zu machen durch mindestens

1. eine hellrote, nicht unter 30 × 30 cm große, durch eine Querstange auseinandergehaltene Fahne,

2. ein gleich großes, hellrotes, quer zur Fahrtrichtung pendelnd aufgehängtes Schild oder

3. einen senkrecht angebrachten zylindrischen Körper gleicher Farbe und Höhe mit einem Durchmesser von mindestens 35 cm.

[4]Diese Sicherungsmittel dürfen nicht höher als 1,5 m über der Fahrbahn angebracht werden. [5]Wenn nötig (§ 17 Abs. 1), ist mindestens eine Leuchte mit rotem Licht an gleicher Stelle anzubringen, außerdem ein roter Rückstrahler nicht höher als 90 cm.

(5) [1]Ragt die Ladung seitlich mehr als 40 cm über die Fahrzeugleuchten, bei Kraftfahrzeugen über den äußeren Rand der Lichtaustrittsflächen der Begrenzungs- oder Schlußleuchten hinaus, so ist sie, wenn nötig (§ 17 Abs. 1), kenntlich zu machen, und zwar seitlich höchstens 40 cm von ihrem Rand und höchstens 1,5 m über der Fahrbahn nach vorn durch eine Leuchte mit weißem, nach hinten durch eine mit rotem Licht. [2]Einzelne Stangen oder Pfähle, waagerecht liegende Platten und andere schlecht erkennbare Gegenstände dürfen seitlich nicht hinausragen.

§ 23. Sonstige Pflichten des Fahrzeugführers. (1) [1]Der Fahrzeugführer ist dafür verantwortlich, daß seine Sicht und das Gehör nicht durch die Besetzung, die Ladung, Geräte oder den Zustand des Fahrzeugs beeinträchtigt werden. [2]Er muß dafür sorgen, daß das Fahrzeug, der Zug, das Gespann sowie die Ladung und die Besetzung vorschriftsmäßig sind und daß die Verkehrssicherheit des Fahrzeugs durch die Ladung oder die Besetzung nicht leidet. [3]Er muß auch dafür sorgen, daß die vorgeschriebenen Kennzeichen stets gut lesbar sind. [4]Vorgeschriebene Beleuchtungseinrichtungen müssen an Kraftfahrzeugen und ihren Anhängern sowie an Fahrrädern auch am Tage vorhanden und betriebsbereit sein, sonst jedoch nur, falls zu erwarten ist, daß sich das Fahrzeug noch im Verkehr befinden wird, wenn Beleuchtung nötig ist (§ 17 Abs. 1).

(2) Der Fahrzeugführer muß das Fahrzeug, den Zug oder das Gespann auf dem kürzesten Weg aus dem Verkehr ziehen, falls unterwegs auftretende Mängel, welche die Verkehrssicherheit wesentlich beeinträchtigen, nicht alsbald beseitigt werden; dagegen dürfen Krafträder und Fahrräder dann geschoben werden.

(3) [1]Radfahrer und Führer von Krafträdern dürfen sich nicht an Fahrzeuge anhängen. [2]Sie dürfen nicht freihändig fahren. [3]Die Füße dürfen sie nur dann von den Pedalen oder den Fußrasten nehmen, wenn der Straßenzustand das erfordert.

§ 24. Besondere Fortbewegungsmittel. (1) Schiebe- und Greifreifenrollstühle, Rodelschlitten, Kinderwagen, Roller, Kinderfahrräder und ähnliche Fortbewegungsmittel sind nicht Fahrzeuge im Sinne der Verordnung.

(2) Mit Krankenfahrstühlen oder mit anderen als in Absatz 1 genannten Rollstühlen darf dort, wo Fußgängerverkehr zulässig ist, gefahren werden, jedoch nur mit Schrittgeschwindigkeit.

§ 25. Fußgänger. (1) [1]Fußgänger müssen die Gehwege benutzen. [2]Auf der Fahrbahn dürfen sie nur gehen, wenn die Straße weder einen Gehweg noch einen Seitenstreifen hat. [3]Benutzen sie die Fahrbahn, so müssen sie innerhalb geschlossener Ortschaften am rechten oder linken Fahrbahnrand gehen; außerhalb geschlossener Ortschaften müssen sie am linken Fahrbahnrand gehen, wenn das zumutbar ist. [4]Bei Dunkelheit, bei schlechter Sicht oder wenn die Verkehrslage es erfordert, müssen sie einzeln hintereinander gehen.

(2) [1]Fußgänger, die Fahrzeuge oder sperrige Gegenstände mitführen, müssen die Fahrbahn benutzen, wenn sie auf dem Gehweg oder auf dem Seitenstreifen die anderen Fußgänger erheblich behindern würden. [2]Benutzen Fußgänger, die Fahrzeuge mitführen, die Fahrbahn, so müssen sie am rechten Fahrbahnrand gehen; vor dem Abbiegen nach links dürfen sie sich nicht links einordnen.

(3) [1]Fußgänger haben Fahrbahnen unter Beachtung des Fahrzeugverkehrs zügig auf dem kürzesten Weg quer zur Fahrtrichtung zu überschreiten, und zwar, wenn die Verkehrslage es erfordert, nur an Kreuzungen oder Einmündungen, an Lichtzeichenanlagen innerhalb von Markierungen oder auf Fußgän-

gerüberwegen (Zeichen 293). [2]Wird die Fahrbahn an Kreuzungen oder Einmündungen überschritten, so sind dort angebrachte Fußgängerüberwege oder Markierungen an Lichtzeichenanlagen stets zu benutzen.

(4) [1]Fußgänger dürfen Absperrungen, wie Stangen- oder Kettengeländer, nicht überschreiten. [2]Absperrschranken (§ 43) verbieten das Betreten der abgesperrten Straßenfläche.

(5) Gleisanlagen, die nicht zugleich dem sonstigen öffentlichen Straßenverkehr dienen, dürfen nur an den dafür vorgesehenen Stellen betreten werden.

§ 26. Fußgängerüberwege. (1) [1]An Fußgängerüberwegen haben Fahrzeuge mit Ausnahme von Schienenfahrzeugen den Fußgängern sowie Fahrern von Krankenfahrstühlen oder Rollstühlen, welche den Überweg erkennbar benutzen wollen, das Überqueren der Fahrbahn zu ermöglichen. [2]Dann dürfen sie nur mit mäßiger Geschwindigkeit heranfahren; wenn nötig, müssen sie warten.

(2) Stockt der Verkehr, so dürfen Fahrzeuge nicht auf den Überweg fahren, wenn sie auf ihm warten müßten.

(3) An Überwegen darf nicht überholt werden.

(4) Führt die Markierung über einen Radweg oder einen anderen Straßenteil, so gelten diese Vorschriften entsprechend.

§ 27. Verbände. (1) [1]Für geschlossene Verbände gelten die für den gesamten Fahrverkehr einheitlich bestehenden Verkehrsregeln und Anordnungen sinngemäß. [2]Mehr als 15 Radfahrer dürfen einen geschlossenen Verband bilden. [3]Dann dürfen sie zu zweit nebeneinander auf der Fahrbahn fahren. [4]Kinder- und Jugendgruppen zu Fuß müssen, soweit möglich, die Gehwege benutzen.

(2) Geschlossene Verbände, Leichenzüge und Prozessionen müssen, wenn ihre Länge dies erfordert, in angemessenen Abständen Zwischenräume für den übrigen Verkehr frei lassen; an anderen Stellen darf dieser sie nicht unterbrechen.

(3) [1]Geschlossen ist ein Verband, wenn er für andere Verkehrsteilnehmer als solcher deutlich erkennbar ist. [2]Bei Kraftfahrzeugverbänden muß dazu jedes einzelne Fahrzeug als zum Verband gehörig gekennzeichnet sein.

(4) [1]Die seitliche Begrenzung geschlossen reitender oder zu Fuß marschierender Verbände muß, wenn nötig (§ 17 Abs. 1),

mindestens nach vorn durch nicht blendende Leuchten mit weißem Licht, nach hinten durch Leuchten mit rotem Licht oder gelbem Blinklicht kenntlich gemacht werden. [2]Gliedert sich ein solcher Verband in mehrere deutlich voneinander getrennte Abteilungen, dann ist jede auf diese Weise zu sichern. [3]Eigene Beleuchtung brauchen die Verbände nicht, wenn sie sonst ausreichend beleuchtet sind.

(5) Der Führer des Verbandes hat dafür zu sorgen, daß die für geschlossene Verbände geltenden Vorschriften befolgt werden.

(6) Auf Brücken darf nicht im Gleichschritt marschiert werden.

§ 28. Tiere. (1) [1]Haus- und Stalltiere, die den Verkehr gefährden können, sind von der Straße fernzuhalten. [2]Sie sind dort nur zugelassen, wenn sie von geeigneten Personen begleitet sind, die ausreichend auf sie einwirken können. [3]Es ist verboten, Tiere von Kraftfahrzeugen aus zu führen. [4]Von Fahrrädern aus dürfen nur Hunde geführt werden.

(2) [1]Für Reiter, Führer von Pferden sowie Treiber und Führer von Vieh gelten die für den gesamten Fahrverkehr einheitlich bestehenden Verkehrsregeln und Anordnungen sinngemäß. [2]Zur Beleuchtung müssen mindestens verwendet werden:

1. beim Treiben von Vieh vorn eine nicht blendende Leuchte mit weißem Licht und am Ende eine Leuchte mit rotem Licht,

2. beim Führen auch nur eines Großtieres oder von Vieh eine nicht blendende Leuchte mit weißem Licht, die auf der linken Seite nach vorn und hinten gut sichtbar mitzuführen ist.

§ 29. Übermäßige Straßenbenutzung. (1) Rennen mit Kraftfahrzeugen sind verboten.

(2) [1]Veranstaltungen, für die Straßen mehr als verkehrsüblich in Anspruch genommen werden, bedürfen der Erlaubnis. [2]Das ist der Fall, wenn die Benutzung der Straße für den Verkehr wegen der Zahl oder des Verhaltens der Teilnehmer oder der Fahrweise der beteiligten Fahrzeuge eingeschränkt wird; Kraftfahrzeuge in geschlossenem Verband nehmen die Straße stets mehr als verkehrsüblich in Anspruch. [3]Der Veranstalter hat dafür zu sorgen, daß die Verkehrsvorschriften sowie etwaige Bedingungen und Auflagen befolgt werden.

(3) [1]Einer Erlaubnis bedarf der Verkehr mit Fahrzeugen und Zügen, deren Abmessungen, Achslasten oder Gesamtgewichte die gesetzlich allgemein zugelassenen Grenzen tatsächlich überschreiten. [2]Das gilt auch für den Verkehr mit Fahrzeugen, deren Bauart dem Führer kein ausreichendes Sichtfeld läßt.

§ 30. Umweltschutz und Sonntagsfahrverbot.

(1) [1]Bei der Benutzung von Fahrzeugen sind unnötiger Lärm und vermeidbare Abgasbelästigungen verboten. [2]Es ist insbesondere verboten, Fahrzeugmotoren unnötig laufen zu lassen und Fahrzeugtüren übermäßig laut zu schließen. [3]Unnützes Hin- und Herfahren ist innerhalb geschlossener Ortschaften verboten, wenn andere dadurch belästigt werden.

(2) Veranstaltungen mit Kraftfahrzeugen bedürfen der Erlaubnis, wenn sie die Nachtruhe stören können.

(3) [1]An Sonntagen und Feiertagen dürfen in der Zeit von 0 bis 22 Uhr Lastkraftwagen mit einem zulässigen Gesamtgewicht über 7,5 t sowie Anhänger hinter Lastkraftwagen nicht verkehren. [2]Das Verbot gilt nicht für

1. kombinierten Güterverkehr Schiene-Straße vom Versender bis zum nächstgelegenen geeigneten Verladebahnhof oder vom nächstgelegenen geeigneten Entladebahnhof bis zum Empfänger, jedoch nur bis zu einer Entfernung von 200 km,
2. die Beförderung von
   a) frischer Milch und frischen Milcherzeugnissen,
   b) frischem Fleisch und frischen Fleischerzeugnissen,
   c) frischen Fischen, lebenden Fischen und frischen Fischerzeugnissen,
   d) leichtverderblichem Obst und Gemüse,
3. Leerfahrten, die im Zusammenhang mit Fahrten nach Nummer 2 stehen,
4. Fahrten mit Fahrzeugen, die nach dem Bundesleistungsgesetz herangezogen werden. Dabei ist der Leistungsbescheid mitzuführen und auf Verlangen zuständigen Personen zur Prüfung auszuhändigen.

(4) Feiertage im Sinne des Absatzes 3 sind

Neujahr,
Karfreitag,
Ostermontag,
Tag der Arbeit (1. Mai),
Christi Himmelfahrt,

Pfingstmontag,
Fronleichnam
  jedoch nur in Baden-Württemberg, Bayern, Hessen, Nord-
  rhein-Westfalen, Rheinland-Pfalz und im Saarland,
Tag der deutschen Einheit (3. Oktober),
Reformationstag (31. Oktober),
  jedoch nur in Brandenburg, Mecklenburg-Vorpommern,
  Sachsen, Sachsen-Anhalt und Thüringen,
Allerheiligen (1. November),
  jedoch nur in Baden-Württemberg, Bayern, Nordrhein-
  Westfalen, Rheinland-Pfalz und im Saarland,
1. und 2. Weihnachtstag.

§ 31. Sport und Spiel. Sport und Spiele auf der Fahrbahn und
den Seitenstreifen sind nur auf den dafür zugelassenen Straßen
erlaubt (Zusatzschilder hinter Zeichen 101 und 250).

§ 32. Verkehrshindernisse. (1) [1]Es ist verboten, die Straße zu
beschmutzen oder zu benetzen oder Gegenstände auf Straßen zu
bringen oder dort liegen zu lassen, wenn dadurch der Verkehr
gefährdet oder erschwert werden kann. [2]Der für solche verkehrswidrigen Zustände Verantwortliche hat sie unverzüglich
zu beseitigen und sie bis dahin ausreichend kenntlich zu machen. [3]Verkehrshindernisse sind, wenn nötig (§ 17 Abs. 1), mit
eigener Lichtquelle zu beleuchten oder durch andere zugelassene lichttechnische Einrichtungen kenntlich zu machen.

(2) Sensen, Mähmesser oder ähnlich gefährliche Geräte sind
wirksam zu verkleiden.

§ 33. Verkehrsbeeinträchtigungen. (1) [1]Verboten ist

1. der Betrieb von Lautsprechern,
2. das Anbieten von Waren und Leistungen aller Art auf der
   Straße,
3. außerhalb geschlossener Ortschaften jede Werbung und Propaganda durch Bild, Schrift, Licht oder Ton,

wenn dadurch Verkehrsteilnehmer in einer dem Verkehr gefähr-
denden oder erschwerenden Weise abgelenkt oder belästigt
werden können. [2]Auch durch innerörtliche Werbung und Propaganda darf der Verkehr außerhalb geschlossener Ortschaften
nicht in solcher Weise gestört werden.

(2) [1]Einrichtungen, die Zeichen oder Verkehrseinrichtungen (§§ 36 bis 43) gleichen, mit ihnen verwechselt werden können oder deren Wirkung beeinträchtigen können, dürfen dort nicht angebracht oder sonst verwendet werden, wo sie sich auf den Verkehr auswirken können. [2]Werbung und Propaganda in Verbindung mit Verkehrszeichen und Verkehrseinrichtungen sind unzulässig.

§ 34. Unfall. (1) Nach einem Verkehrsunfall hat jeder Beteiligte

1. unverzüglich zu halten,

2. den Verkehr zu sichern und bei geringfügigem Schaden unverzüglich beiseite zu fahren,

3. sich über die Unfallfolgen zu vergewissern,

4. Verletzten zu helfen (§ 323 c des Strafgesetzbuches),

5. anderen am Unfallort anwesenden Beteiligten und Geschädigten
   a) anzugeben, daß er am Unfall beteiligt war und
   b) auf Verlangen seinen Namen und seine Anschrift anzugeben sowie ihnen Führerschein und Fahrzeugschein vorzuweisen und nach bestem Wissen Angaben über seine Haftpflichtversicherung zu machen,

6. a) solange am Unfallort zu bleiben, bis er zugunsten der anderen Beteiligten und der Geschädigten die Feststellung seiner Person, seines Fahrzeuges und der Art seiner Beteiligung durch seine Anwesenheit ermöglicht hat oder
   b) eine nach den Umständen angemessene Zeit zu warten und am Unfallort Namen und Anschrift zu hinterlassen, wenn niemand bereit war, die Feststellung zu treffen,

7. unverzüglich die Feststellungen nachträglich zu ermöglichen, wenn er sich berechtigt, entschuldigt oder nach Ablauf der Wartefrist (Nummer 6 Buchstabe b) vom Unfallort entfernt hat. Dazu hat er mindestens den Berechtigten (Nummer 6 Buchstabe a) oder einer nahe gelegenen Polizeidienststelle mitzuteilen, daß er am Unfall beteiligt gewesen ist, und seine Anschrift, seinen Aufenthalt sowie das Kennzeichen und den Standort seines Fahrzeugs anzugeben und dieses zu unverzüglichen Feststellungen für eine ihm zumutbare Zeit zur Verfügung zu halten.

(2) Beteiligt an einem Verkehrsunfall ist jeder, dessen Verhalten nach den Umständen zum Unfall beigetragen haben kann.

(3) Unfallspuren dürfen nicht beseitigt werden, bevor die notwendigen Feststellungen getroffen worden sind.

§ 35. Sonderrechte. (1) Von den Vorschriften dieser Verordnung sind die Bundeswehr, der Bundesgrenzschutz, die Feuerwehr, der Katastrophenschutz, die Polizei und der Zolldienst befreit, soweit das zur Erfüllung hoheitlicher Aufgaben dringend geboten ist.

(1 a) Absatz 1 gilt entsprechend für Polizeibeamte, die aufgrund völkerrechtlicher Vereinbarungen zur Nacheile im Inland berechtigt sind.

(2) Dagegen bedürfen diese Organisationen auch unter den Voraussetzungen des Absatzes 1 der Erlaubnis,

1. wenn sie mehr als 30 Kraftfahrzeuge im geschlossenen Verband (§ 27) fahren lassen wollen,

2. im übrigen bei jeder sonstigen übermäßigen Straßenbenutzung mit Ausnahme der nach § 29 Abs. 3 Satz 2.

(3) Die Bundeswehr ist über Absatz 2 hinaus auch zu übermäßiger Straßenbenutzung befugt, soweit Vereinbarungen getroffen sind.

(4) Die Beschränkungen der Sonderrechte durch die Absätze 2 und 3 gelten nicht bei Einsätzen anläßlich von Unglücksfällen, Katastrophen und Störungen der öffentlichen Sicherheit oder Ordnung sowie in den Fällen der Artikel 91 und 87 a Abs. 4 des Grundgesetzes sowie im Verteidigungsfall und im Spannungsfall.

(5) Die Truppen der nichtdeutschen Vertragsstaaten des Nordatlantikpaktes sind im Falle dringender militärischer Erfordernisse von den Vorschriften dieser Verordnung befreit, von den Vorschriften des § 29 allerdings nur, soweit für diese Truppen Sonderregelungen oder Vereinbarungen bestehen.

(5 a) Fahrzeuge des Rettungsdienstes sind von den Vorschriften dieser Verordnung befreit, wenn höchste Eile geboten ist, um Menschenleben zu retten oder schwere gesundheitliche Schäden abzuwenden.

(6) [1]Fahrzeuge, die dem Bau, der Unterhaltung oder Reinigung der Straßen und Anlagen im Straßenraum oder der Müll-

abfuhr dienen und durch weiß-rot-weiße Warneinrichtungen gekennzeichnet sind, dürfen auf allen Straßen und Straßenteilen und auf jeder Straßenseite in jeder Richtung zu allen Zeiten fahren und halten, soweit ihr Einsatz dies erfordert, zur Reinigung der Gehwege jedoch nur, wenn das zulässige Gesamtgewicht bis zu 2,8 t beträgt. [2]Dasselbe gilt auch für Fahrzeuge zur Reinigung der Gehwege, deren zulässiges Gesamtgewicht 3,5 t nicht übersteigt und deren Reifeninnendruck nicht mehr als 3 bar beträgt. [3]Dabei ist sicherzustellen, daß keine Beschädigung der Gehwege und der darunterliegenden Versorgungsleitungen erfolgen kann. [4]Personen, die hierbei eingesetzt sind oder Straßen oder in deren Raum befindliche Anlagen zu beaufsichtigen haben, müssen bei ihrer Arbeit außerhalb von Gehwegen und Absperrungen auffällige Warnkleidung tragen.

(7) Fahrzeuge der Deutschen Bundespost, die der Beförderung von Postsendungen oder dem Bau oder der Unterhaltung von Fernmeldeeinrichtungen dienen, dürfen auf allen Straßen und Straßenteilen zu allen Zeiten fahren und halten, soweit ihr Einsatz dies erfordert.

(8) Die Sonderrechte dürfen nur unter gebührender Berücksichtigung der öffentlichen Sicherheit und Ordnung ausgeübt werden.

II. Zeichen und Verkehrseinrichtungen

§ 36. Zeichen und Weisungen der Polizeibeamten. (1) [1]Die Zeichen und Weisungen der Polizeibeamten sind zu befolgen. [2]Sie gehen allen anderen Anordnungen und sonstigen Regeln vor, entbinden den Verkehrsteilnehmer jedoch nicht von seiner Sorgfaltspflicht.

(2) An Kreuzungen ordnet an:

1. Seitliches Ausstrecken eines Armes oder beider Arme quer zur Fahrtrichtung:
   „Halt vor der Kreuzung".
   Der Querverkehr ist freigegeben.
   Hat der Beamte dieses Zeichen gegeben, so gilt es fort, solange er in der gleichen Richtung winkt oder nur seine Grundstellung beibehält.
   Der freigegebene Verkehr kann nach den Regeln des § 9 abbiegen, nach links jedoch nur, wenn er Schienenfahrzeuge dadurch nicht behindert.

2. Hochheben eines Armes:
„Vor der Kreuzung auf das nächste Zeichen warten",
für Verkehrsteilnehmer in der Kreuzung:
„Kreuzung räumen".

(3) Diese Zeichen können durch Weisungen ergänzt oder geändert werden.

(4) An anderen Straßenstellen, wie an Einmündungen und an Fußgängerüberwegen, haben die Zeichen entsprechende Bedeutung.

(5) [1]Polizeibeamte dürfen Verkehrsteilnehmer zur Verkehrskontrolle einschließlich der Kontrolle der Verkehrstüchtigkeit und zu Verkehrserhebungen anhalten. [2]Das Zeichen zum Anhalten kann der Beamte auch durch geeignete technische Einrichtungen am Einsatzfahrzeug, eine Winkerkelle oder eine rote Leuchte geben. [3]Mit diesen Zeichen kann auch ein vorausfahrender Verkehrsteilnehmer angehalten werden. [4]Die Verkehrsteilnehmer haben die Anweisungen der Polizeibeamten zu befolgen.

§ 37.[1)] Wechsellichtzeichen, Dauerlichtzeichen und Grünpfeil.

(1) Lichtzeichen gehen Vorrangregeln, vorrangregelnden Verkehrsschildern und Fahrbahnmarkierungen vor.

(2) [1]Wechsellichtzeichen haben die Farbfolge Grün – Gelb – Rot – Rot und Gelb (gleichzeitig) – Grün. [2]Rot ist oben, Gelb in der Mitte und Grün unten.

1. [1]An Kreuzungen bedeuten:
Grün: „Der Verkehr ist freigegeben".
[2]Er kann nach den Regeln des § 9 abbiegen, nach links jedoch nur, wenn er Schienenfahrzeuge dadurch nicht behindert.
[3]Grüner Pfeil: „Nur in Richtung des Pfeiles ist der Verkehr freigegeben".
[4]Ein grüner Pfeil links hinter der Kreuzung zeigt an, daß der Gegenverkehr durch Rotlicht angehalten ist und daß Links-

---

[1] Gemäß Evertr v. 31. 8. 1990 (BGBl. II S. 889, 1105) gilt für das Gebiet der ehem. DDR folgendes:
Für bestehende Lichtsignalanlagen ist die Farbfolge GRÜN – GRÜN/GELB – GELB – ROT – ROT/GELB weiterhin zulässig; das Lichtzeichen GRÜN/GELB hat dann die Bedeutung des Lichtzeichens GRÜN im Sinne des § 37 Abs. 2 Nr. 1. Für die Lichtsignalanlagen, die nach Wirksamwerden des Beitritts neu errichtet oder umgerüstet werden, ist ausschließlich die Farbfolge gemäß § 37 Abs. 2 zulässig.

abbieger die Kreuzung in Richtung des grünen Pfeils unge-
hindert befahren und räumen können.
[5]Gelb ordnet an: „Vor der Kreuzung auf das nächste Zeichen
warten".
[6]Keines dieser Zeichen entbindet von der Sorgfaltspflicht.
[7]Rot ordnet an: „Halt vor der Kreuzung".
[8]Nach dem Anhalten ist das Abbiegen nach rechts auch bei
Rot erlaubt, wenn rechts neben dem Lichtzeichen Rot ein
Schild mit grünem Pfeil auf schwarzem Grund (Grünpfeil)
angebracht ist. [9]Der Fahrzeugführer darf nur aus dem rechten Fahrstreifen abbiegen. [10]Er muß sich dabei so verhalten,
daß eine Behinderung oder Gefährdung anderer Verkehrsteilnehmer, insbesondere des Fußgänger- und Fahrzeugverkehrs der freigegebenen Verkehrsrichtung, ausgeschlossen
ist.
[11]Schwarzer Pfeil auf Rot ordnet das Halten, schwarzer Pfeil
auf Gelb das Warten nur für die angegebene Richtung an.
[12]Ein einfeldiger Signalgeber mit Grünpfeil zeigt an, daß bei
Rot für die Geradeaus-Richtung nach rechts abgebogen werden darf.

2. An anderen Straßenstellen, wie an Einmündungen und an
   Markierungen für den Fußgängerverkehr, haben die Lichtzeichen entsprechende Bedeutung.

3. Lichtzeichenanlagen können auf die Farbfolge Gelb – Rot
   beschränkt sein.

4. [1]Für jeden von mehreren markierten Fahrstreifen (Zeichen 295, 296 oder 340) kann ein eigenes Lichtzeichen gegeben werden. [2]Für Schienenbahnen können besondere Zeichen, auch in abweichenden Phasen, gegeben werden; das
   gilt auch für Linienomnibusse und Taxen, wenn sie einen
   vom übrigen Verkehr freigehaltenen Verkehrsraum benutzen.

5. [1]Gelten die Lichtzeichen nur für Fußgänger oder nur für
   Radfahrer, so wird das durch das Sinnbild eines Fußgängers
   oder eines Fahrrades angezeigt. [2]Für Fußgänger ist die Farbfolge Grün – Rot – Grün; für Radfahrer kann sie so sein.
   [3]Wechselt Grün auf Rot, während Fußgänger die Fahrbahn
   überschreiten, so haben sie ihren Weg zügig fortzusetzen.

6. Radfahrer haben die Lichtzeichen für Fußgänger zu beachten,
   wenn eine Radwegfurt an eine Fußgängerfurt grenzt und keine gesonderten Lichtzeichen für Radfahrer vorhanden sind.

(3) [1]Dauerlichtzeichen über jedem Fahrstreifen lassen den Verkehr nur in der einen oder anderen Richtung zu.
[2]Rote gekreuzte Schrägbalken ordnen an:
„Der Fahrstreifen darf nicht benutzt werden, davor darf nicht gehalten werden".
[3]Ein grüner, nach unten gerichteter Pfeil bedeutet:
„Der Verkehr auf dem Fahrstreifen ist freigegeben".
[4]Ein gelb blinkender, schräg nach unten gerichteter Pfeil ordnet an: „Fahrstreifen in Pfeilrichtung wechseln".

(4) Wo Lichtzeichen den Verkehr regeln, darf nebeneinander gefahren werden, auch wenn die Verkehrsdichte das nicht rechtfertigt.

§ 38. Blaues Blinklicht und gelbes Blinklicht. (1) [1]Blaues Blinklicht zusammen mit dem Einsatzhorn darf nur verwendet werden, wenn höchste Eile geboten ist, um Menschenleben zu retten oder schwere gesundheitliche Schäden abzuwenden, eine Gefahr für die öffentliche Sicherheit oder Ordnung abzuwenden, flüchtige Personen zu verfolgen oder bedeutende Sachwerte zu erhalten.
[2]Es ordnet an:
„Alle übrigen Verkehrsteilnehmer haben sofort freie Bahn zu schaffen".

(2) Blaues Blinklicht allein darf nur von den damit ausgerüsteten Fahrzeugen und nur zur Warnung an Unfall- oder sonstigen Einsatzstellen, bei Einsatzfahrten oder bei der Begleitung von Fahrzeugen oder von geschlossenen Verbänden verwendet werden.

(3) [1]Gelbes Blinklicht warnt vor Gefahren. [2]Es kann ortsfest oder von Fahrzeugen aus verwendet werden. [3]Die Verwendung von Fahrzeugen aus ist nur zulässig, um vor Arbeits- oder Unfallstellen, vor ungewöhnlich langsam fahrenden Fahrzeugen oder vor Fahrzeugen mit ungewöhnlicher Breite oder Länge oder mit ungewöhnlich breiter oder langer Ladung zu warnen.

§ 39.[1] **Verkehrszeichen.** (1) [1]Verkehrzeichen sind Gefahrzeichen, Vorschriftzeichen und Richtzeichen. [2]Auch Zusatzschil-

---

[1] Im Gebiet der ehem. DDR gilt gemäß Evertr v. 31. 8. 1990 (BGBl. II S. 889, 1105): Neben den in den §§ 39 bis 43 geregelten Verkehrszeichen bleiben diejenigen Verkehrszeichen der Anlage 2 der Straßenverkehrs-Ordnung

der sind Verkehrszeichen. [3]Die Zusatzschilder zeigen auf weißem Grund mit schwarzem Rand schwarze Zeichnungen oder Aufschriften. [4]Sie sind dicht unter den Verkehrszeichen angebracht. [5]Verkehrszeichen und Zusatzschilder können, auch gemeinsam, auf einer Trägerfläche aufgebracht werden. [6]Abweichend von den abgebildeten Verkehrszeichen und Zusatzschildern können die weißen Flächen schwarz und die schwarzen Sinnbilder und der schwarze Rand weiß sein, wenn diese Zeichen nur durch Lichter erzeugt werden.

(1a) [1]Verkehrszeichen können auf einem Fahrzeug angebracht werden. [2]Sie gelten auch, während das Fahrzeug sich bewegt. [3]Sie gehen den Anordnungen der ortsfest angebrachten Verkehrszeichen vor.

(2) Regelungen durch Verkehrszeichen gehen den allgemeinen Verkehrsregeln vor.

(3) Werden Sinnbilder auf anderen Verkehrsschildern als den in §§ 40 bis 42 dargestellten gezeigt, so bedeuten die Sinnbilder:

Kraftwagen und sonstige mehrspurige Kraftfahrzeuge

Kraftfahrzeuge mit einem zulässigen Gesamtgewicht über 2,8 t, einschließlich ihrer Anhänger, und Zugmaschinen, ausgenommen Personenkraftwagen und Kraftomnibusse

Radfahrer

Fußgänger

---

vom 26. Mai 1977 (GBl. I Nr. 20 S. 257), zuletzt geändert durch Verordnung vom 9. September 1986 (GBl. I Nr. 31 S. 417), gültig, die in ihrer Ausführung dem Sinn der in §§ 39 bis 43 geregelten Verkehrszeichen entsprechen. Es gelten die Bestimmungen der §§ 39 bis 43.
Die bis zum Wirksamwerden des Beitritts aufgestellten Verkehrszeichen gemäß Anlage 2 zur Straßenverkehrs-Ordnung der Deutschen Demokratischen Republik (abgedruckt unter **Nr. 2**), die nicht in den §§ 39 bis 43 geregelt sind, bleiben mit hinweisendem Charakter gültig.

Reiter

Viehtrieb, Tiere

Straßenbahn

Kraftomnibus

Personenkraftwagen

Personenkraftwagen
mit Anhänger

Lastkraftwagen mit Anhänger

Kraftfahrzeuge und Züge,
die nicht schneller als 25 km/h
fahren können oder dürfen

Krafträder, auch mit Beiwagen,
Kleinkrafträder und Mofas

Mofas

Anhang zu § 39

Katalog der Verkehrszeichen
– VzKat 1992 –
vom 19. 3. 1992 (BAnz. Nr. 66a)
– Auszug –

Teil 8. Zusatzzeichen
8.1 Einteilung *(nicht abgedruckt)*

8.2 Ausführung (Gestaltung)
Zusatzzeichen 1000–1019 Gruppe der allgemeinen Zusatzzeichen
Zusatzzeichen 1000/1001: Richtungsangaben durch Pfeile
mit zugehörigen Unternummern

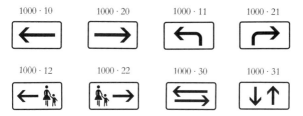

Zusatzzeichen 1000–1019 Gruppe der allgemeinen Zusatzzeichen
Zusatzzeichen 1001: Länge einer Verbotsstrecke
mit zugehörigen Unternummern

Zusatzzeichen 1000–1019 Gruppe der allgemeinen Zusatzzeichen

Zusatzzeichen 1002/1003: Hinweise auf den Verlauf von Vorfahrtstraßen

mit zugehörigen Unternummern

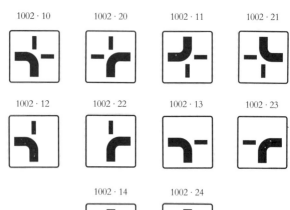

Zusatzzeichen 1000–1019 Gruppe der allgemeinen Zusatzzeichen

Zusatzzeichen 1004/1005: Entfernungsangaben

mit zugehörigen Unternummern

1004 · 30	1004 · 31	1004 · 32	1004 · 33
100m	STOP 100m	200m	400m

1004 · 34   1004 · 35

| 600 m | | 2 km |

Zusatzzeichen 1000–1019 Gruppe der allgemeinen Zusatzzeichen
Zusatzzeichen 1006–1007: Hinweise auf Gefahren
mit zugehörigen Unternummern

1006 · 30   1006 · 31   1006 · 32   1006 · 33

| Ölspur | Rauch | Rollsplitt | Baustellenausfahrt |

1006 · 34   1006 · 33   1006 · 36   1006 · 37

| Straßenschäden | Verschmutzte Fahrbahn | | |

Zusatzzeichen 1000–1019 Gruppe der allgemeinen Zusatzzeichen
Zusatzzeichen 1006/1007: Hinweise auf Gefahren
mit zugehörigen Unternummern

1006 · 38   1006 · 39   1007 · 30

Zusatzzeichen 1000–1019 Gruppe der allgemeinen Zusatzzeichen

Zusatzzeichen 1008/1009: Hinweise auf geänderte Vorfahrt, Verkehrsführung u. ä.

mit zugehörigen Unternummern

1008 · 30	1008 · 31	1008 · 32	1008 · 33
Vorfahrt geändert	Verkehrs-führung geändert	Industriegebiet Schienenfahrzeuge haben Vorrang	Hafengebiet Schienenfahrzeuge haben Vorrang

Zusatzzeichen 1000–1019 Gruppe der allgemeinen Zusatzzeichen

Zusatzzeichen 1010/1011: Hinweise mit grafischen Symbolen

mit zugehörigen Unternummern

1010· 10	1010 · 11	1010 · 12	1010 · 13	1010 · 14

Zusatzzeichen 1000–1019 Gruppe der allgemeinen Zusatzzeichen

Zusatzzeichen 1012/1013: sonstige Hinweise durch verbale Angaben

mit zugehörigen Unternummern

1012 · 30	1012 · 31	1012 · 32	1012 · 33
Anfang	**Ende**	Radfahrer absteigen	keine Mofas

1012 · 34	1012 · 35
Grüne Welle bei 60 km/h	bei Rot hier halten

Zusatzzeichen 1010–1039 Gruppe der „frei"-Zusatzzeichen

Zusatzzeichen 1020/1021: Personendarstellungen (auch verbal) mit zugehörigen Unternummern

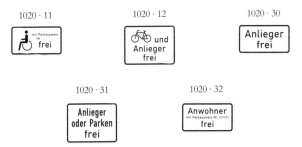

1020 · 11

1020 · 12

1020 · 30

1020 · 31

1020 · 32

Zusatzzeichen 1020–1039 Gruppe der „frei"-Zusatzzeichen

Zusatzzeichen 1022/1023: Fahrzeugdarstellungen: Radfahrer, Krafträder, auch mit Beiwagen, Kleinkrafträder und Mofas

mit zugehörigen Unternummern

1022 · 10

1022 · 11

1012 · 12

Zusatzzeichen 1020–1039 Gruppe der „frei"-Zusatzzeichen

Zusatzzeichen 1024/1025: Fahrzeugdarstellungen: mehrspurige Fahrzeuge

mit zugehörigen Unternummern

1024 · 10	1024 · 11	1024 · 12	1024 · 13

1024 · 14	1024 · 15	1024 · 16 (entfällt künftig)	1024 · 17

Zusatzzeichen 1020–1039 Gruppe der „frei"-Zusatzzeichen

Zusatzzeichen 1026/1027: Taxi, Krankenfahrzeuge u. ä. „frei" (verbale Angaben)

mit zugehörigen Unternummern

1026 · 30	1026 · 31	1026 · 32	1026 · 33
TAXI frei	Mofas frei	Linienverkehr frei	Einsatzfahrzeuge frei

1086 · 30	1026 · 35	1026 · 36	1026 · 37
Krankenfahrzeuge frei	Lieferverkehr frei	Landwirtschaftlicher Verkehr frei	Forstwirtschaftlicher Verkehr frei

1026 · 38

| Land- und forstwirtsch. Verkehr frei |

1026 · 39

| Betriebs- und Versorgungsdienst frei |

Zusatzzeichen 1020–1039 Gruppe der „frei"-Zusatzzeichen

Zusatzzeichen 1028/1029: sonstige Verkehrsteilnehmer „frei" (verbale Angaben)

mit zugehörigen Unternummern

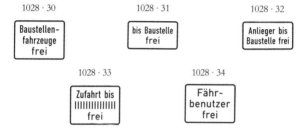

1028 · 30

| Baustellenfahrzeuge frei |

1028 · 31

| bis Baustelle frei |

1028 · 32

| Anlieger bis Baustelle frei |

1028 · 33

| Zufahrt bis |||||||||||||| frei |

1028 · 34

| Fährbenutzer frei |

Zusatzzeichen 1040–1059 Gruppe der beschränkenden Zusatzzeichen

Zusatzzeichen 1040/1041: Zeitangaben: Stunden ohne Beschränkung auf Wochentage

mit zugehörigen Unternummern

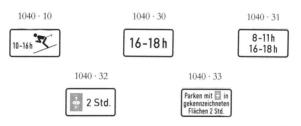

1040 · 10

| 10-16h |

1040 · 30

| 16-18 h |

1040 · 31

| 8-11h 16-18 h |

1040 · 32

| 2 Std. |

1040 · 33

| Parken mit in gekennzeichneten Flächen 2 Std. |

41

Zusatzzeichen 1040–1059 Gruppe der beschränkenden Zusatzzeichen

Zusatzzeichen 1042/1043: Zeitangaben: mit Beschränkung auf Wochentage

mit zugehörigen Unternummern

1042 · 30	1042 · 31	1042 · 32	1042 · 33
werktags	werktags 18-19h	werktags 8³⁰-11³⁰h 16-18h	Mo-Fr 16-18h

1042 · 34	1042 · 35	1042 · 36	1042 · 37
Di.Do.Fr 16-18h	6-22h an Sonn-und Feiertagen	Schulbus werktags 7-9h 11-13h	Parken Sa und So erlaubt

Zusatzzeichen 1040–1059 Gruppe der beschränkenden Zusatzzeichen

Zusatzzeichen 1044/1045: Personendarstellungen

mit zugehörigen Unternummern

1044 · 10	1044 · 11	1044 · 30
		Anwohner mit Parkausweis Nr. IIIIIIIII

Zusatzzeichen 1040–1059 Gruppe der beschränkenden Zusatzzeichen

Zusatzzeichen 1046/1047: Fahrzeugdarstellungen: Krafträder, auch mit Beiwagen, Kleinkrafträder und Mofas

mit zugehörigen Unternummern

1046 · 11	1046 · 12

Zusatzzeichen 1040–1059 Gruppe der beschränkenden Zusatzzeichen
Zusatzzeichen 1048/1049: Fahrzeugdarstellungen: mehrspurige
Fahrzeuge

mit zugehörigen Unternummern

1048 · 10	1048 · 11	1048 · 12	1048 · 13

1048 · 14	1048 · 15	1048 · 16	1048 · 17

1048 · 18	1048 · 19 (entfällt künftig)	1049 · 10

1049 · 11	1049 · 12	1049 · 13

Zusatzzeichen 1040–1059 Gruppe der beschränkenden Zusatzzeichen

Zusatzzeichen 1050/1051: Fahrzeugdarstellungen: verbale Bezeichnungen von Fahrzeugen

mit zugehörigen Unternummern

     1050 · 30   1050 · 31

TAXI	5 Taxen

Zusatzzeichen 1040–1059 Gruppe der beschränkenden Zusatzzeichen

Zusatzzeichen 1052/1053: Fahrzeuge mit besonderer Ladung und sonstige Beschränkungen

mit zugehörigen Unternummern

1052 · 30   1052 · 31   1052 · 33   1052 · 34

| | | mit Parkschein | gebühren-pflichtig |

1052 · 35   1052 · 36   1052 · 37   1052 · 38

| 7,5 t | bei Nässe | | |

             1052 · 39   1053 · 30

auf dem Seitenstreifen

Parken in gekennzeichneten Flächen erlaubt

**Zusatzzeichen 1040–1059 Gruppe der besonderen Zusatz-
zeichen**
Zusatzzeichen 1060: besonderen Zusatzzeichen
mit zugehörigen Unternummern

1060 · 10   1060 · 11   1060 · 30

Anhang

zum Katalog der Verkehrszeichen

Amtliche Bezeichnung der Verkehrszeichen
– Verzeichnis nach der Reihenfolge der Nummern –

(1)–(5) ...

(6) Zusatzzeichen

Nr.:	Bezeichnung	1000–1019: Gruppe der allgemeinen Zeichen 1000: Richtungsangaben durch Pfeile

1000–10 Richtung, linksweisend
1000–11 Richtung der Gefahrstelle, linksweisend
1000–12 Fußgänger Gehweg gegenüber benutzen
1000–20 Richtung, rechtsweisen
1000–21 Richtung der Gefahrstelle, rechtsweisen
1000–22 Fußgänger Gehweg gegenüber benutzen
1000–30 beide Richtungen, zwei gegengerichtete waagerechte Pfeile
1000–31 beide Richtungen, zwei gegengerichtete senkrechte Pfeile

Nr.:	Bezeichnung	1000–1019: Gruppe der allgemeinen Zeichen 1001: Länge einer Verbotsstrecke

1001–30 auf ... m
1000–31 auf ... km

Nr.:	Bezeichnung:	1000–1019: Gruppe der allgemeinen Zeichen 1002–1003: Hinweise auf den Verlauf von Vorfahrtstraßen

1002–10 Verlauf der Vorfahrtstraße an Kreuzungen (von unten nach links)
1002–11 Verlauf der Vorfahrtstraße an Kreuzungen (von oben nach links)

Nr.:   Bezeichnung: 1000–1019: Gruppe der allgemeinen Zeichen
1002–1003: Hinweise auf den Verlauf von Vor-
fahrstraßen

1002–12 Verlauf der Vorfahrtstraße an Einmündungen (von unten nach links, Fall 1)
1002–13 Verlauf der Vorfahrtstraße an Einmündungen (von unten nach links, Fall 2)
1002–14 Verlauf der Vorfahrtstraße an Einmündungen (von oben nach links)
1002–20 Verlauf der Vorfahrtstraße an Kreuzungen (von unten nach rechts)
1002–21 Verlauf der Vorfahrtstraße an Kreuzungen (von oben nach rechts)
1002–22 Verlauf der Vorfahrtstraße an Einmündungen (von unten nach rechts, Fall 1)
1002–23 Verlauf der Vorfahrtstraße an Einmündungen (von unten nach rechts, Fall 2)
1002–24 Verlauf der Vorfahrtstraße an Einmündungen (von oben nach rechts)

Nr.:   Bezeichnung: 1000–1019: Gruppe der allgemeinen Zeichen
1004/1005: Entfernungsangaben

1004–30 nach 100 m
1004–31 Halt nach 100 m
1004–32 nach 200 m
1004–33 nach 400 m
1004–34 nach 600 m
1004–35 nach 2 km

Nr.:   Bezeichnung   1000–1019: Gruppe der allgemeinen Zeichen
1006/1007: Hinweise auf Gefahren

1006–30 Ölspur
1006–31 Rauch
1006–32 Rollsplitt
1006–33 Baustellenausfahrt
1006–34 Straßenschäden
1006–35 verschmutzte Fahrbahn
1006–36 Unfallgefahr
1006–37 Krötenwanderung
1006–38 Staugefahr
1006–39 eingeschränktes Lichtraumprofil durch Bäume
1007–30 Gefahr unerwarteter Glatteisbildung

Nr.:   Bezeichnung: 1000–1019: Gruppe der allgemeinen Zeichen
1008/1009: Hinweise auf geänderte Vorfahrt,
Verkehrsführung u. ä.

1008–30 Vorfahrt geändert
1008–31 Verkehrsführung geändert
1008–32 Industriegebiet Schienenfahrzeuge haben Vorrang (zu Zeichen 201 StVO)
1008–33 Hafengebiet Schienenfahrzeuge haben Vorrang (zu Zeichen 201 StVO)

Nr.:   Bezeichnung: 1000–1019: Gruppe der allgemeinen Zeichen
1010/1011: sonstige Hinweise mit grafischen
Symbolen

1010–10 erlaubt Kindern auch auf der Fahrbahn und dem Seitenstreifen zu spielen
1010–11 Wintersport erlaubt
1010–12 Kennzeichnung von Parkflächen, auf denen Anhänger auch länger als 14
Tage parken dürfen

Nr.:	Bezeichnung:	1000–1019: Gruppe der allgemeinen Zeichen 1010/1011: sonstige Hinweise mit grafischen Symbolen

1010–13 Kennzeichnung von Parkflächen, auf denen Wohnwagen auch länger als 14 Tage parken dürfen
1010–14 Information Rollende Landstraße

Nr.:	Bezeichnung	1000–1019: Gruppe der allgemeinen Zeichen 1012/1013: sonstige Hinweise durch verbale Angaben

1012–30 Anfang
1012–31 Ende
1012–32 Radfahrer absteigen
1012–33 keine Mofas
1012–34 Grüne Welle bei ... km/h
1012–35 bei Rot hier halten

Nr.:	Bezeichnung:	1020–1039: Gruppe der „frei"-Zeichen 1020/1021: Personendarstellungen (auch verbal)

1020–11 Schwerbehinderte mit Parkausweis Nr. ... frei
1020–12 Radfahrer und Anlieger frei
1020–30 Anlieger frei
1020–31 Anlieger oder Parken frei
1020–32 Anwohner mit Parkausweis Nr. ... frei

Nr.:	Bezeichnung:	1020–1039: Gruppe der „frei"-Zeichen 1022/1023: Fahrzeugdarstellungen: Radfahrer, Krafträder, auch mit Beiwagen, Kleinkrafträder und Mofas

1022–10 Radfahrer frei
1022–11 Mofas frei
1022–12 Krafträder auch mit Beiwagen, Kleinkrafträder und Mofas frei

Nr.:	Bezeichnung:	1020–1039: Gruppe der „frei"-Zeichen 1024/1025: Fahrzeugdarstellungen: mehrspurige Fahrzeuge

1024–10 Personenkraftwagen frei
1024–11 Pkw mit Anhänger frei
1024–12 Kraftfahrzeuge mit einem zulässigen Gesamtgewicht über 2,8t, einschließlich ihrer Anhänger, und Zugmaschinen, ausgenommen Personenkraftwagen und Kraftomnibusse frei
1024–13 Lastkraftwagen mit Anhänger frei
1024–14 Kraftomnibus frei
1024–15 Schienenbahn frei
1024–16 Straßenbahn frei (entfällt künftig)
1024–17 Kraftfahrzeuge und Züge, die nicht schneller als 25 km/h fahren können oder dürfen frei

Nr.:	Bezeichnung:	1020–1039: Gruppe der „frei"-Zeichen 1026/1027: Taxi, Krankenfahrzeuge u. ä. „frei" (verbale Angaben)

1026–30 Taxi frei
1026–31 Mofas frei
1026–32 Linienverkehr frei
1026–33 Einsatzfahrzeuge frei
1026–34 Krankenfahrzeuge frei
1026–35 Lieferverkehr frei
1026–36 landwirtschaftlicher Verkehr frei
1026–37 forstwirtschaftlicher Verkehr frei
1026–38 land- und forstwirtschaftlicher Verkehr frei
1026–39 Betriebs- und Versorgungsdienst frei

Nr.:	Bezeichnung:	1020–1039: Gruppe der „frei"-Zeichen 1028/1029: sonstige Verkehrsteilnehmer „frei" (verbale Angaben)

1028–30 Baustellenfahrzeuge frei
1028–31 bis Baustelle frei
1028–32 Anlieger bis Baustelle frei
1028–33 Zufahrt bis . . . frei
1028–34 Fährbenutzer frei

Nr.:	Bezeichnung:	1040–1059: Gruppe der beschränkenden Zeichen 1040/1041: Zeitangaben: Stunden ohne Beschrän- kung auf Wochentage

1040–10 Wintersport erlaubt, zeitlich beschränkt (10–16h)
1040–30 zeitliche Beschränkung (16–18h)
1040–31 zeitliche Beschränkung (8–11h, 16–16h)
1040–32 Parkscheibe 2 Stunden
1040–33 Parken mit Parkscheibe in gekennzeichneten Flächen 2 Stunden

Nr.:	Bezeichnung:	1040–1059: Gruppe der beschränkenden Zeichen 1042/1043: Zeitangaben: mit Beschränkung auf Wochentage

1042–30 zeitliche Beschränkung (werktags)
1042–31 zeitliche Beschränkung (werktags 18–19h)
1042–32 zeitliche Beschränkung (werktags 8.30–11.30h, 16–18h)
1042–33 zeitliche Beschränkung (Mo–Fr, 16–18h)
1042–34 zeitliche Beschränkung (Di, Do, Fr 16–18h)
1042–35 zeitliche Beschränkung (6–22h an Sonn- und Feiertagen)
1042–36 Schulbus (tageszeitliche Benutzung)
1042–37 Parken Samstag und Sonntag erlaubt

Nr.:	Bezeichnung:	1040–1059: Gruppe der beschränkenden Zeichen 1044/1045: Personendarstellungen

1044–10 nur Schwerbehinderte mit außergewöhnlicher Gehbehinderung und Blinde
1044–11 nur Schwerbehinderte mit Parkausweis Nr. . . . .
1044–30 nur Anwohner mit Parkausweis Nr. . . .

| Nr.: | Bezeichnung: | 1040–1059: Gruppe der beschränkenden Zeichen 1046/1047: Fahrzeugdarstellungen: Krafträder, auch mit Beiwagen, Kleinkrafträder und Mofas |

1046–11 nur Mofas
1046–12 nur Krafträder, auch mit Beiwagen, Kleinkrafträder und Mofas

| Nr.: | Bezeichnung: | 1040–1059: Gruppe der beschränkenden Zeichen 1048/1049: Fahrzeugdarstellungen: mehrspurige Fahrzeuge |

1048–10 nur Personenkraftwagen
1048–11 nur Pkw mit Anhänger
1048–12 nur Kraftfahrzeuge mit einem zulässigen Gesamtgewicht über 2,8 t, einschließlich ihrer Anhänger und Zugmaschinen, ausgenommen Personenkraftwagen und Kraftomnibusse
1048–13 nur Lastkraftwagen mit Anhänger
1048–14 nur Sattelkraftfahrzeuge
1048–15 nur Sattelkraftfahrzeuge und Züge
1048–16 nur Kraftomnibus
1048–17 nur Wohnmobil
1048–18 nur Schienenbahn
1048–19 nur Straßenbahn
1049–10 nur Kraftfahrzeuge und Züge, die nicht schneller als 25 km/h fahren können oder dürfen
1049–11 Kraftfahrzeuge und Züge bis 25 km/h dürfen überholt werden
1049–12 nur militärische Kettenfahrzeuge
1049–13 nur Lkw (Zeichen 1048–12), Kraftomnibus (Zeichen 1048–16) und Pkw mit Anhänger (Zeichen 1048–11)

| Nr.: | Bezeichnung:: | 1040–1059: Gruppe der beschränkenden Zeichen 1050/1051: Fahrzeugdarstellungen: verbale Bezeichnungen von Fahrzeugen |

1050–30 Taxi
1050–31 ... Taxen

| Nr.: | Bezeichnung: | 1040–1059: Gruppe der beschränkenden Zeichen 1052/1053: Fahrzeuge mit besonderer Ladung und sonstige Beschränkungen |

1052–30 Streckenverbot für den Transport von gefährlichen Gütern auf Straßen
1052–31 Streckenverbot für Fahrzeuge mit Wasser gefährdender Ladung
1051–33 nur mit Parkschein
1052–34 gebührenpflichtig
1052–35 Gewichtsangabe (7,5 t)
1052–36 bei Nässe
1052–37 Haltverbot auch auf dem Seitenstreifen
1052–38 schlechter Fahrbahnrand
1052–39 auf dem Seitenstreifen
1053–30 Parken in gekennzeichneten Flächen erlaubt

Nr.:	Bezeichnung:	ab 1060: Gruppe der besonderen Zeichen 1060–10 Gefahrzeichen für Wohnwagengespanne an Gefällestrecken mit starkem Seitenwind auf Autobahnen

1060–11 auch Fahrräder und Mofas
1060–30 Streugut (selbständiges Hinweiszeichen)

§ 40[1]. Gefahrzeichen. (1) [1]Gefahrzeichen mahnen, sich auf die angekündigte Gefahr einzurichten. [2]Sie sind nur dort angebracht, wo es für die Sicherheit des Verkehrs unbedingt erforderlich ist, weil auch ein aufmerksamer Verkehrsteilnehmer die Gefahr nicht oder nicht rechtzeitig erkennen kann und auch nicht mit ihr rechnen muß.

(2) [1]Außerhalb geschlossener Ortschaften stehen sie im allgemeinen 150 bis 250 m vor den Gefahrstellen. [2]Ist die Entfernung erheblich geringer, so kann sie auf einem Zusatzschild angegeben sein, wie

(3) Innerhalb geschlossener Ortschaften stehen sie im allgemeinen kurz vor der Gefahrstelle.

(4) Ein Zusatzschild wie

kann die Länge der Gefahrstrecke angeben.

(5) Steht ein Gefahrzeichen vor einer Einmündung, so weist auf einem Zusatzschild ein schwarzer Pfeil in die Richtung der Gefahrstelle, falls diese in der anderen Straße liegt.

---

[1] Zum Gebiet der ehem. DDR siehe Fn. zu § 39.

(6) Gefahrzeichen im einzelnen:

Zeichen 101

Gefahrstelle

Ein Zusatzschild kann die Gefahr näher bezeichnen. So warnt das

Zusatzschild

vor schlechtem Fahrbahnrand. Das

Zusatzschild

erlaubt, auf dieser Straße Wintersport zu treiben, gegebenenfalls zeitlich beschränkt, wie „9–17 h".

Zeichen 102

Kreuzung oder Einmündung
mit Vorfahrt von rechts

Zeichen 103

Kurve
(rechts)

Zeichen 105

Doppelkurve
(zunächst rechts)

Zeichen 108

Gefälle

Zeichen 110

Steigung

Zeichen 112

Unebene Fahrbahn

Zcichen 113

Schnee- oder Eisglätte

Zeichen 114

Schleudergefahr
bei Nässe oder Schmutz

Zeichen 115

Steinschlag

Zeichen 116

Splitt, Schotter

Zeichen 117

Seitenwind

Zeichen 120

Verengte Fahrbahn

Zeichen 121

Einseitig (rechts)
verengte Fahrbahn

Zeichen 123

Baustelle

Zeichen 124

Stau

Zeichen 125

Gegenverkehr

Zeichen 128

Bewegliche Brücke

Zeichen 129

Ufer

Zeichen 131

Lichtzeichenanlage

Zeichen 133

Fußgänger

Zeichen 134

Fußgängerüberweg

Die Zeichen 128 bis 134 stehen auch innerhalb geschlossener Ortschaften in angemessener Entfernung vor der Gefahrstelle. Die Entfernung kann auf einem Zusatzschild angegeben sein (Absatz 2 Satz 2).

Zeichen 136

Kinder

Zeichen 138

Radfahrer kreuzen

Zeichen 140

Viehtrieb, Tiere

Zeichen 142

Wildwechsel

Zeichen 144

Flugbetrieb

Vor anderen Gefahrstellen kann durch Gefahrzeichen gleicher Art mit geeigneten Sinnbildern gewarnt werden

(7) Besondere Gefahrzeichen vor Übergängen von Schienenbahnen mit Vorrang:

Zeichen 150

Bahnübergang mit Schranken
oder Halbschranken

Zeichen 151

Unbeschrankter Bahnübergang

oder folgende drei Warnbaken

etwa 240 m vor dem Bahnübergang

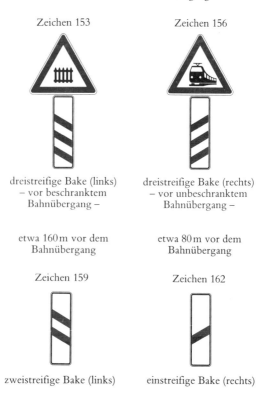

Zeichen 153   Zeichen 156

dreistreifige Bake (links)   dreistreifige Bake (rechts)
– vor beschranktem   – vor unbeschranktem
Bahnübergang –   Bahnübergang –

etwa 160 m vor dem   etwa 80 m vor dem
Bahnübergang   Bahnübergang

Zeichen 159   Zeichen 162

zweistreifige Bake (links)   einstreifige Bake (rechts)

Sind die Baken in erheblich abweichenden Abständen aufgestellt, so ist der Abstand in Metern oberhalb der Schrägstreifen in schwarzen Ziffern angegeben.

§ 41¹⁾. Vorschriftzeichen. (1) Auch Schilder oder weiße Markierungen auf der Straßenoberfläche enthalten Gebote und Verbote.

(2) ¹Schilder stehen regelmäßig rechts. ²Gelten sie nur für einzelne markierte Fahrstreifen (Zeichen 295, 296 oder 340), so sind sie in der Regel darüber angebracht. ³Die Schilder stehen im allgemeinen dort, wo oder von wo an die Anordnungen zu befolgen sind. ⁴Sonst ist, soweit nötig, die Entfernung zu diesen Stellen auf einem Zusatzschild (§ 40 Abs. 2) angegeben. ⁵Andere Zusatzschilder enthalten nur allgemeine Beschränkungen der Gebote oder Verbote oder allgemeine Ausnahmen von ihnen. ⁶Besondere Zusatzschilder können etwas anderes bestimmen (zu Zeichen 237, 250, 283, 286, 290 und hinter Zeichen 277).

1. Warte- und Haltgebote

   a) An Bahnübergängen:

Zeichen 201

(auch liegend)
Andreaskreuz
Dem Schienenverkehr Vorrang gewähren!

Es befindet sich vor dem Bahnübergang, und zwar in der Regel unmittelbar davor. Ein Blitzpfeil in der Mitte des Andreaskreuzes zeigt an, daß die Bahnstrecke elektrische Fahrleitung hat. Ein Zusatzschild mit schwarzem Pfeil zeigt an, daß das Andreaskreuz nur für den Straßenverkehr in Richtung dieses Pfeiles gilt.

---

¹⁾ Zum Gebiet der ehem. DDR siehe Fn. zu § 39.

b) An Kreuzungen und Einmündungen:

Zeichen 205

Vorfahrt gewähren!

Das Schild steht unmittelbar vor der Kreuzung oder Einmündung. Es kann durch dasselbe Schild mit Zusatzschild (wie „100 m") angekündigt sein.

Wo Schienenfahrzeuge einen kreisförmigen Verkehr kreuzen, an Wendeschleifen oder ähnlich geführten Gleisanlagen von Schienenbahnen, enthält das Zeichen mit dem Sinnbild einer Straßenbahn auf einem darüber angebrachten Zusatzschild das Gebot:

„Der Schienenbahn Vorfahrt gewähren!"

Zeichen 206

Halt! Vorfahrt gewähren!

Das unbedingte Haltgebot ist dort zu befolgen, wo die andere Straße zu übersehen ist, in jedem Fall an der Haltlinie (Zeichen 294).

Das Schild steht unmittelbar vor der Kreuzung oder Einmündung.

Das Haltgebot wird außerhalb geschlossener Ortschaften angekündigt durch das Zeichen 205 mit Zusatzschild

Innerhalb geschlossener Ortschaften kann das Haltgebot so angekündigt sein.

Der Verlauf der Vorfahrtstraße kann durch ein Zusatzschild zu den Zeichen 205 und 206

bekanntgegeben sein.

c) Bei verengter Fahrbahn:

Zeichen 208

Dem Gegenverkehr Vorrang gewähren!

2. Vorgeschriebene Fahrtrichtung

Zeichen 209   Zeichen 211   Zeichen 214

Rechts   Hier rechts   Geradeaus und rechts

Andere Fahrtrichtungen werden entsprechend vorgeschrieben.

Zeichen 220

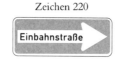

Es steht parallel zur Fahrtrichtung und schreibt allen Verkehrsteilnehmern auf der Fahrbahn die Richtung vor, Fußgängern jedoch nur, wenn sie Fahrzeuge mitführen.

3. Vorgeschriebene Vorbeifahrt

Zeichen 222

Rechts vorbei

„Links vorbei" wird entsprechend vorgeschrieben.

4. Haltestellen

Zeichen 224

Straßenbahnen oder Linienbusse

Das Zeichen 224 mit dem Zusatzschild „Schulbus (Angabe der tageszeitlichen Benutzung)" kennzeichnet eine Schulbushaltestelle.

Zeichen 229

Taxenstand

Ein Zusatzschild kann die Anzahl der vorgesehenen Taxen angeben.

5. Sonderwege

Zeichen 237	Zeichen 238	Zeichen 239

Radfahrer	Reiter	Fußgänger

Diese Zeichen stehen rechts oder links. Die Sinnbilder der Zeichen 237 und 239 können auch gemeinsam auf einem Schild, durch einen senkrechten weißen Streifen getrennt, gezeigt werden. Ein gemeinsamer Rad- und Gehweg kann durch ein Schild gekennzeichnet sein, das – durch einen waagerechten weißen Streifen getrennt – die entsprechenden Sinnbilder zeigt. Das Zeichen „Fußgänger" steht nur dort, wo eine Klarstellung notwendig ist. Durch ein Zusatzschild kann die Benutzung des Radweges durch Mofas gestattet werden.

<table>
<tr><td align="center">Zeichen 240</td><td align="center">Zeichen 241</td></tr>
<tr><td align="center"></td><td align="center"></td></tr>
<tr><td align="center">gemeinsamer
Fuß- und Radweg</td><td align="center">getrennter
Rad- und Fußweg</td></tr>
</table>

Die Zeichen bedeuten:

a) Radfahrer, Reiter und Fußgänger müssen die für sie bestimmten Sonderwege benutzen. Andere Verkehrsteilnehmer dürfen sie nicht benutzen;

b) wer ein Mofa durch Treten fortbewegt, muß den Radweg benutzen;

c) auf einem gemeinsamen Rad- und Gehweg haben Radfahrer und die Führer von motorisierten Zweiradfahrzeugen auf Fußgänger Rücksicht zu nehmen;

d) auf Reitwegen dürfen Pferde geführt werden;

e) wird bei Zeichen 239 durch Zusatzschild Fahrzeugverkehr zugelassen, so darf nur mit Schrittgeschwindigkeit gefahren werden;

f) wird bei Zeichen 237 durch Zusatzschild anderer Fahrzeugverkehr zugelassen, so darf nur mit mäßiger Geschwindigkeit gefahren werden.

Zeichen 242

Beginn eines
Fußgängerbereichs

Zeichen 243

Ende eines
Fußgängerbereichs

Innerhalb des Fußgängerbereichs gilt:

1. Der Fußgängerbereich ist Fußgängern vorbehalten. Andere Verkehrsteilnehmer dürfen ihn nicht benutzen.
2. Wird durch Zusatzschild Fahrzeugverkehr zugelassen, so darf nur mit Schrittgeschwindigkeit gefahren werden. Die Fahrzeugführer dürfen Fußgänger weder gefährden noch behindern; wenn nötig, müssen sie warten.

Zeichen 245

Linienomnibusse

Der so gekennzeichnete Sonderfahrstreifen ist Omnibussen des Linienverkehrs vorbehalten. Dasselbe gilt auch für Taxen, wenn dies durch das Zusatzschild „Taxi" angezeigt ist. Andere Verkehrsteilnehmer dürfen den Sonderfahrstreifen nicht benutzen.

6. Verkehrsverbote

Zeichen 250

Verbot für Fahrzeuge aller Art

Es gilt nicht für Handfahrzeuge, abweichend von § 28 Abs. 2 auch nicht für Tiere. Krafträder und Fahrräder dürfen geschoben werden.

Das Zusatzschild

erlaubt Kindern, auch auf der Fahrbahn und den Seitenstreifen zu spielen. Auch Sport kann dort durch ein Zusatzschild erlaubt sein.

Zeichen 251

Verbot für Kraftwagen und sonstige mehrspurige Kraftfahrzeuge

Zeichen 253

Verbot für Kraftfahrzeuge mit einem zulässigen Gesamtgewicht über 2,8 t, einschließlich ihrer Anhänger, und Zugmaschinen, ausgenommen Personenkraftwagen und Kraftomnibusse

Zeichen 254

Zeichen 255

Zeichen 259

Verbot für Radfahrer   Verbot für Krafträder,   Verbot für Fußgänger
auch mit Beiwagen,
Kleinkrafträder
und Mofas

a) Für andere Verkehrsarten, wie Lastzüge, Reiter können gleichfalls durch das Zeichen 250 mit Sinnbild entsprechende Verbote erlassen werden.
b) Ist auf einem Zusatzschild ein Gewicht, wie „7,5 t", angegeben, so gilt das Verbot nur, soweit das zulässige Gesamtgewicht dieser Verkehrsmittel die angegebene Grenze überschreitet.
c) Mehrere dieser Verbote können auf einem Schild vereinigt sein.

Zeichen 260

Zeichen 261

Verbot für Krafträder, auch mit   Verbot für kennzeichnungspflichtige
Beiwagen, Kleinräder und Mofas   Kraftfahrzeuge mit gefährlichen
sowie für Kraftwagen und sonstige   Gütern
mehrspurige Kraftfahrzeuge

Verbot für Fahrzeuge, deren

Zeichen 262   Zeichen 263

tatsächliches Gewicht   tatsächliche Achslast

Zeichen 264   Zeichen 265   Zeichen 266

Breite   Höhe   Länge

je einschließlich Ladung eine bestimmte Grenze überschreitet.

Die Beschränkung durch Zeichen 262 gilt bei Zügen für das einzelne Fahrzeug, bei Sattelkraftfahrzeugen gesondert für die Sattelzugmaschine einschließlich Sattellast und für die tatsächlich vorhandenen Achslasten des Sattelanhängers. Das Zeichen 266 gilt auch für Züge.

Zeichen 267

Verbot der Einfahrt

Das Zeichen steht auf der rechten Seite der Fahrbahn, für die es gilt, oder auf beiden Seiten dieser Fahrbahn.

Zeichen 268	Zeichen 269	Zeichen 270
Schneeketten sind vorgeschrieben	Verbot für Fahrzeuge mit wassergefährdender Ladung	Verkehrsverbot bei Smog oder zur Verminderung schädlicher Luftverunreinigungen

Es verbietet den Verkehr mit Kraftfahrzeugen nach Maßgabe landesrechtlicher Smog-Verordnungen oder bei Maßnahmen zur Vermeidung von schädlichen Umwelteinwirkungen durch Luftverunreinigungen nach § 40 Abs. 2 des Bundes-Immisionsschutzgesetzes.

Zeichen 272	Zeichen 273
Wendeverbot	Verbot des Fahrens ohne einen Mindestabstand

Es verbietet dem Führer eines Kraftfahrzeuges mit einem zulässigen Gesamtgewicht über 2,8 t oder einer Zugmaschine, mit Ausnahme von Personenkraftwagen und Kraftomnibussen, den angegebenen Mindestabstand zu einem vorherfahrenden Kraftfahrzeug gleicher Art zu unterschreiten.

Durch Zusatzschilder kann die Bedeutung des Zeichens eingeengt werden.

7. Streckenverbote
Sie beschränken den Verkehr auf bestimmten Strecken.

Zeichen 274

Zulässige Höchstgeschwindigkeit

verbietet, schneller als mit einer bestimmten Geschwindigkeit zu fahren. Sind durch das Zeichen innerhalb geschlossener Ortschaften bestimmte Geschwindigkeiten über 50 km/h
zugelassen, so gilt das für Fahrzeuge aller Art. Außerhalb
geschlossener Ortschaften bleiben die für bestimmte Fahrzeugarten geltenden Höchstgeschwindigkeiten (§ 3 Abs. 3
Nr. 2 Buchstaben a und b und § 18 Abs. 5) unberührt, wenn
durch das Zeichen eine höhere Geschwindigkeit zugelassen
wird.
Das Zusatzschild

verbietet, bei nasser Fahrbahn die angegebene Geschwindigkeit zu überschreiten.

Zeichen 274.1

Zeichen 274.2

Beginn

Ende

der Zone mit zulässiger Höchstgeschwindigkeit

Die Zeichen bestimmen Beginn und Ende der Zone mit einer zulässigen Höchstgeschwindigkeit. Es ist verboten, innerhalb dieser Zone mit einer höheren Geschwindigkeit zu fahren als angegeben.

Zeichen 275

Vorgeschriebene
Mindestgeschwindigkeit

verbietet, langsamer als mit einer bestimmten Geschwindigkeit zu fahren. Es verbietet Fahrzeugführern, die wegen mangelnder persönlicher Fähigkeiten oder wegen der Eigenschaften von Fahrzeug oder Ladung nicht so schnell fahren können oder dürfen, diese Straße zu benutzen. Straßen-, Verkehrs-, Sicht- oder Wetterverhältnisse können dazu verpflichten, langsamer zu fahren.

Zeichen 276

Zeichen 277

Überholverbote
verbieten Führern von

Kraftfahrzeugen
aller Art,

Kraftfahrzeugen mit einem zulässigen Gesamtgewicht über 2,8t,
einschließlich ihrer Anhänger,
und von Zugmaschinen,
ausgenommen Personenkraftwagen und Kraftomnibussen,

mehrspurige Kraftfahrzeuge und Krafträder mit Beiwagen
zu überholen.

Ist auf einem Zusatzschild ein Gewicht, wie „7,5t", angegeben, so gilt das Verbot nur, soweit das zulässige Gesamtgewicht dieser Verkehrsmittel die angegebene Grenze überschreitet.

Die Länge einer Verbotsstrecke kann an deren Beginn auf
einem Zusatzschild wie

angegeben sein.

Das Ende einer Verbotsstrecke ist nicht gekennzeichnet,
wenn das Streckenverbotszeichen zusammen mit einem Gefahrzeichen angebracht ist und sich aus der Örtlichkeit zwei-
felsfrei ergibt, von wo an die angezeigte Gefahr nicht mehr
besteht. Es ist auch nicht gekennzeichnet, wenn das Verbot
nur für eine kurze Strecke gilt und auf einem Zusatzschild die
Länge der Verbotsstrecke angegeben ist. Sonst ist es gekennzeichnet durch die

Zeichen 278

Zeichen 279

Zeichen 280

Zeichen 281

Wo sämtliche Streckenverbote enden, steht das

Zeichen 282

8. Haltverbote

Zeichen 283

Haltverbot

Es verbietet jedes Halten auf der Fahrbahn.

Das Zusatzschild

verbietet es auch auf dem Seitenstreifen.

Zeichen 286

Eingeschränktes Haltverbot

Es verbietet das Halten auf der Fahrbahn über 3 Minuten, ausgenommen zum Ein- oder Aussteigen oder zum Be- oder Entladen. Ladegeschäfte müssen ohne Verzögerung durchgeführt werden. Das Zusatzschild „auch auf Seitenstreifen" (hinter Zeichen 283) kann auch hier angebracht sein.
Das Zusatzschild mit den Worten „auf dem Seitenstreifen" verbietet das Halten nur auf dem Seitenstreifen.
Das Zusatzschild „(Rollstuhlfahrersymbol) mit Parkausweis Nr. . . . frei" nimmt Schwerbehinderte mit außergewöhnlicher Gehbehinderung und Blinde, jeweils mit besonderem Parkausweis, vom Haltverbot aus.
Das Zusatzschild „Anwohner mit besonderem Parkausweis frei" nimmt Anwohner mit besonderem Parkausweis vom Haltverbot aus.
Die Ausnahmen gelten nur, wenn die Parkausweise gut lesbar ausgelegt sind.
a) Haltverbote gelten nur auf der Straßenseite, auf der die Schilder angebracht sind,
b) Sie gelten auch nur bis zur nächsten Kreuzung oder bis zur nächsten Einmündung auf der gleichen Straßenseite.
c) Der Anfang der Verbotsstrecke kann durch einen zur Fahrbahn weisenden waagerechten weißen Pfeil im

Schild, das Ende durch einen solchen von der Fahrbahn wegweisenden Pfeil gekennzeichnet sein. Bei in der Verbotsstrecke wiederholten Schildern weist ein waagerechter Pfeil zur Fahrbahn, ein zweiter von ihr weg.

Zeichen 290	Bild 291	Zeichen 292
eingeschränktes Haltverbot für eine Zone	Parkscheibe	Ende eines eingeschränkten Haltverbotes für eine Zone

Mit diesem Zeichen werden die Grenzen der Haltverbotszone bestimmt.

Das Verbot gilt für alle öffentlichen Verkehrsflächen innerhalb des durch die Zeichen 290 und 292 begrenzten Bereichs, sofern nicht abweichende Regelungen durch Verkehrszeichen angeordnet oder erlaubt sind. Durch ein Zusatzschild kann die Benutzung einer Parkscheibe oder das Parken mit Parkschein vorgeschrieben oder das Parken auf dafür gekennzeichneten Flächen beschränkt werden, soweit es nicht dem Ein- oder Aussteigen oder dem Be- oder Entladen dient.

(3) Markierungen

1. Fußgängerüberweg

Zeichen 293

2. Haltlinie

Zeichen 294

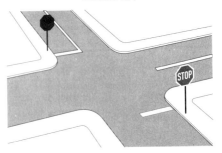

Ergänzend zu Halt- und Wartegeboten, die durch Zeichen 206, durch Polizeibeamte oder Lichtzeichen gegeben werden, ordnet sie an: „Hier halten!" Dasselbe gilt vor Bahnübergängen für den, der warten muß (§ 19 Abs. 2).

3. Fahrstreifenbegrenzung und Fahrbahnbegrenzung

Zeichen 295

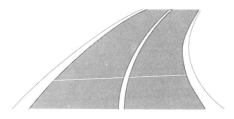

Sie besteht aus einer durchgehenden Linie.

a) Sie wird vor allem verwendet, um den für den Gegenverkehr bestimmten Teil der Fahrbahn oder mehrere Fahrstreifen für den gleichgerichteten Verkehr zu begrenzen. Die Fahrstreifenbegrenzung kann aus einer Doppellinie bestehen.

Sie ordnen an: Fahrzeuge dürfen sie nicht überqueren oder über ihnen fahren. Begrenzen sie den Fahrbahnteil für den Gegenverkehr, so ordnen sie weiter an: Es ist rechts von ihnen zu fahren.

Parken (§ 12 Abs. 2) auf der Fahrbahn ist nur erlaubt, wenn zwischen dem parkenden Fahrzeug und der Linie ein Fahrstreifen von mindestens 3 m verbleibt.

b) Die durchgehende Linie kann auch Fahrbahnbegrenzung sein. Dann soll sie den Fahrbahnrand deutlich erkennbar machen. Bleibt rechts von ihr ausreichender Straßenraum frei (befestigter Seitenstreifen), so ordnet sie an:

aa) Landwirtschaftliche Zug- oder Arbeitsmaschinen, Fuhrwerke, Radfahrer und ähnlich langsame Fahrzeuge müssen möglichst rechts von ihr fahren.

bb) Links von ihr darf nicht gehalten werden.

4. Einseitige Fahrstreifenbegrenzung

Zeichen 296

Fahrstreifen **B**   Fahrstreifen **A**

Sie besteht aus einer durchgehenden neben einer unterbrochenen Linie.

Für Fahrzeuge auf dem Fahrstreifen A ordnet die Markierung an:

a) der Fahrverkehr darf die durchgehende Linie nicht überqueren oder über ihr fahren.

b) Parken (§ 12 Abs. 2) auf der Fahrbahn ist nur erlaubt, wenn zwischen dem parkenden Fahrzeug und der durchgehenden Linie ein Fahrstreifen von mindestens 3 m verbleibt.

Fahrzeuge auf dem Fahrstreifen B dürfen die Markierung überfahren, wenn der Verkehr dadurch nicht gefährdet wird.

5. Pfeile

Pfeile, die nebeneinander angebracht sind und in verschiedene Richtungen weisen, empfehlen, sich frühzeitig einzuordnen und in Fahrstreifen nebeneinander zu fahren. Fahrzeuge, die sich eingeordnet haben, dürfen hier auch rechts überholt werden.

Sind zwischen den Pfeilen Leitlinien (Zeichen 340) oder Fahrstreifenbegrenzungen (Zeichen 295) markiert,

Zeichen 297

so schreiben die Pfeile die Fahrtrichtungen auf der folgenden Kreuzung oder Einmündung vor. Halten auf der so markierten Strecke der Fahrbahn ist verboten.

5a. Vorankündigungspfeil

Zeichen 297.1

Der Vorankündigungspfeil kann eine Fahrstreifenbegrenzung ankündigen oder das Ende eines Fahrstreifens anzeigen.

6. Sperrflächen

Zeichen 298

Sie dürfen von Fahrzeugen nicht benutzt werden.

7. Parkflächenmarkierungen erlauben das Parken (§ 12 Abs. 2),
   auf Gehwegen aber nur Fahrzeugen mit einem zulässigen
   Gesamtgewicht bis zu 2,8t. Sind Parkflächen auf Straßen

durch durchgehende Linien abgegrenzt, so wird damit angeordnet, wie Fahrzeuge aufzustellen sind. Dazu genügt auf gekennzeichneten Parkplätzen (Zeichen 314, 315 und 316) und an Parkuhren eine einfachere Markierung.

Die durchgehenden Linien dürfen überquert werden.

8. Grenzmarkierung für Halt- und Parkverbote

Zeichen 299

Die Markierung bezeichnet, verlängert oder verkürzt vorgeschriebene Halt- oder Parkverbote.

9. Alle Linien können durch gleichmäßig dichte Markierungsknopfreihen ersetzt werden. In verkehrsberuhigten Geschäftsbereichen (§ 45 Abs. 1 c) können Fahrbahnbegrenzungen auch mit anderen Mitteln, wie z. B. durch Pflasterlinien, ausgeführt werden.

(4) Vorübergehende Fahrstreifenbegrenzung
[1]Auffällige Einrichtungen, wie gelbe Markierungen, gelbe Markierungsknopfreihen oder Reihen von rot-weißen Leitmarken, heben die durch Fahrstreifenbegrenzungen (Zeichen 295) und Leitlinien (Zeichen 340) gegebenen Anordnungen auf. [2]Fahrzeuge dürfen sie nicht überqueren und nicht über ihnen fahren. [3]Nur wenn die Markierungsknöpfe oder Marken so zusammengefaßt sind, daß sie wie Leitlinien aussehen, dürfen sie überquert werden, wenn der Verkehr dadurch nicht gefährdet wird.

§ 42[1]). Richtzeichen. (1) [1]Richtzeichen geben besondere Hinweise zur Erleichterung des Verkehrs. [2]Sie können auch Anordnungen enthalten.

(2) Vorrang

Zeichen 301

Vorfahrt

Das Zeichen gibt die Vorfahrt nur an der nächsten Kreuzung oder Einmündung. Außerhalb geschlossener Ortschaften steht es 150 bis 250 m davor, sonst wird auf einem Zusatzschild die Entfernung, wie „80 m", angegeben. Innerhalb geschlossener Ortschaften steht es unmittelbar vor der Kreuzung oder Einmündung.

Zeichen 306

Vorfahrtstraße

Es steht am Anfang der Vorfahrtstraße und wird an jeder Kreuzung und an jeder Einmündung von rechts wiederholt. Es steht vor, auf oder hinter der Kreuzung oder Einmündung. Es gibt

---

[1]) Zum Gebiet der ehem. DDR siehe Fn. zu § 39.

die Vorfahrt bis zum nächsten Zeichen 205 „Vorfahrt gewähren!", 206 „Halt! Vorfahrt gewähren!" oder 307 „Ende der Vorfahrtstraße". Außerhalb geschlossener Ortschaften verbietet es
bis dorthin das Parken (§ 12 Abs. 2) auf der Fahrbahn.
Ein Zusatzschild

zum Zeichen 306 kann den Verlauf der Vorfahrtstraße bekanntgeben. Wer ihm folgen will, muß dies rechtzeitig und deutlich
ankündigen; dabei sind die Fahrtrichtungsanzeiger zu benutzen.
Auf Fußgänger ist besondere Rücksicht zu nehmen; wenn nötig, ist zu warten.

Zeichen 307

Ende der Vorfahrtstraße

Zeichen 308

Vorrang vor dem Gegenverkehr

Das Zeichen steht vor einer verengten Fahrbahn.

(3) Die Ortstafel

Zeichen 310   Zeichen 311

Vorderseite   Rückseite

bestimmt

Hier beginnt   Hier endet

eine geschlossene Ortschaft.

Von hier an gelten die für den Verkehr innerhalb (außerhalb) geschlossener Ortschaften bestehenden Vorschriften. Der obere Teil des Zeichens 311 ist weiß, wenn die Ortschaft, auf die hingewiesen wird, zu derselben Gemeinde wie die soeben durchfahrene Ortschaft gehört.

(4) Parken

Zeichen 314

Parkplatz

1. Das Zeichen erlaubt das Parken (§ 12 Abs. 2).
2. Durch ein Zusatzschild kann die Parkerlaubnis beschränkt sein, insbesondere nach der Dauer, nach Fahrzeugarten, zugunsten der mit besonderem Parkausweis versehenen Anwohner, Schwerbehinderten mit außergewöhnlicher Gehbehinderung und Blinden. Die Ausnahmen gelten nur, wenn die Parkausweise gut lesbar ausgelegt sind. Das Zusatzschild

„nur mit Parkschein" kennzeichnet den Geltungsbereich von Parkscheinautomaten, das Zusatzschild „gebührenpflichtig" kennzeichnet einen Parkplatz für Großveranstaltungen als gebührenpflichtig (§ 45 Abs. 1 b Nr. 1).

3. Der Anfang des erlaubten Parkens kann durch einen waagerechten weißen Pfeil im Schild, das Ende durch einen solchen in entgegengesetzte Richtung weisenden Pfeil gekennzeichnet werden.

Der Hinweis auf einen Parkplatz kann, soweit dies nicht durch Zeichen 432 geschieht, durch ein Zusatzschild mit schwarzem Pfeil erfolgen.

Zeichen 315

Parken auf Gehwegen

1. Das Zeichen erlaubt Fahrzeugen mit einem zulässigen Gesamtgewicht bis zu 2,8 t das Parken (§ 12 Abs. 2) auf Gehwegen.

2. Im Zeichen wird bildlich angeordnet, wie die Fahrzeuge aufzustellen sind.

3. Durch ein Zusatzschild kann die Parkerlaubnis beschränkt sein, insbesondere nach der Dauer, zugunsten der mit besonderem Parkausweis versehenen Anwohner, Schwerbehinderten mit außergewöhnlicher Gehbehinderung und Blinden. Die Ausnahmen gelten nur, wenn die Parkausweise gut lesbar ausgelegt sind. Das Zusatzschild „nur mit Parkschein" kennzeichnet den Geltungsbereich von Parkscheinautomaten.

4. Der Anfang des erlaubten Parkens kann durch einen waagerechten weißen Pfeil im Schild, das Ende durch einen solchen in entgegengesetze Richtung weisenden Pfeil gekennzeichnet werden.

Zeichen 316

Parken und Reisen

Zeichen 317

Wandercrparkplatz

(4a) Verkehrsberuhigte Bereiche

Zeichen 325

Beginn

Zeichen 326

Ende

eines verkehrsberuhigten Bereichs

Innerhalb dieses Bereichs gilt:

1. Fußgänger dürfen die Straße in ihrer ganzen Breite benutzen; Kinderspiele sind überall erlaubt.
2. Der Fahrzeugverkehr muß Schrittgeschwindigkeit einhalten.
3. Die Fahrzeugführer dürfen die Fußgänger weder gefährden noch behindern; wenn nötig müssen sie warten.
4. Die Fußgänger dürfen den Fahrverkehr nicht unnötig behindern.
5. Das Parken ist außerhalb der dafür gekennzeichneten Flächen unzulässig, ausgenommen zum Ein- oder Austeigen, zum Be- oder Entladen.

(5) Autobahnen und Kraftfahrstraßen

Zeichen 330

Autobahn

Das Zeichen steht an den Zufahrten der Anschlußstellen.

Zeichen 331

Kraftfahrstraßen

Das Zeichen steht am Anfang, an jeder Kreuzung und Einmündung und wird, wenn nötig, auch sonst wiederholt.

Zeichen 332   Zeichen 333

Ausfahrt von der Autobahn

Zeichen 334   Zeichen 336

Ende der Autobahn   Ende der Kraftfahrstraße

Das Ende kann auch durch dasselbe Zeichen mit einer Entfernungsangabe unter dem Sinnbild, wie „800 m", angekündigt sein.

(6) Markierungen sind weiß, ausgenommen in den Fällen des § 41 Abs. 4.

1. Leitlinie

Zeichen 340

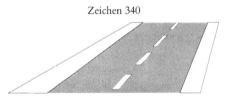

Sie besteht in der Regel aus gleich langen Strichen mit gleichmäßigen Abständen. Eine Leitlinie kann auch als Warnlinie ausgeführt werden; bei der Warnlinie sind die Striche länger als die Lücken.

Die Markierung bedeutet:
a) Leitlinien dürfen überfahren werden, wenn dadurch der Verkehr nicht gefährdet wird;
b) sind auf einer Fahrbahn für beide Richtungen insgesamt 3 Fahrstreifen so markiert, dann darf der linke Fahrstreifen nicht zum Überholen benutzt werden. Wer nach links abbiegen will, darf sich auf dem mittleren Fahrstreifen einordnen;
c) auf Fahrbahnen für beide Richtungen mit 4 so markierten Fahrstreifen sind die beiden linken ausschließlich dem Gegenverkehr vorbehalten; sie dürfen daher auch nicht zum

Überholen benutzt werden. Dasselbe gilt auf 6-streifigen Fahrbahnen für die 3 linken Fahrstreifen;

d) sind außerhalb geschlossener Ortschaften für eine Richtung 3 Fahrstreifen so markiert, dann darf der mittlere Fahrstreifen dort durchgängig befahren werden, wo – auch nur hin und wieder – rechts davon ein Fahrzeug hält oder fährt. Dasselbe gilt auf Fahrbahnen mit mehr als drei so markierten Fahrstreifen für eine Richtung für den zweiten Fahrstreifen von rechts. Den linken Fahrstreifen dürfen außerhalb geschlossener Ortschaften Lastkraftwagen mit einem zulässigen Gesamtgewicht von mehr als 2,8 t sowie Züge, die länger als 7 m sind, nur benutzen, wenn sie sich dort zum Zwecke des Linksabbiegens einordnen;

e) sind Beschleunigungsstreifen so markiert, dann darf dort auch schneller gefahren werden als auf den anderen Fahrstreifen;

f) gehen Fahrstreifen, insbesondere auf Autobahnen oder Kraftfahrstraßen von der durchgehenden Fahrbahn ab, so dürfen Abbieger vom Beginn einer breiten Leitlinie rechts von dieser schneller als auf der durchgehenden Fahrbahn fahren. Das gilt nicht für Verzögerungsstreifen.

2. Wartelinie

Zeichen 341

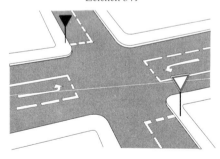

Sie kann angebracht sein, wo das Zeichen 205 anordnet: „Vorfahrt gewähren!" Sie kann ferner dort angebracht sein, wo abbiegende Fahrzeuge Gegenverkehr durchfahren lassen müssen. Sie empfiehlt dem, der warten muß, hier zu warten.

3. Schriftzeichen und die Wiedergabe von Verkehrsschildern auf der Fahrbahn dienen dem Hinweis auf ein entsprechendes Verkehrszeichen.

(7) Hinweise

Zeichen 350

Fußgängerüberweg

Das Zeichen ist unmittelbar an der Markierung (Zeichen 293) angebracht.

Zeichen 353

Einbahnstraße

Es kann ergänzend anzeigen, daß die Straße eine Einbahnstraße (Zeichen 220) ist.

Zeichen 354

Wasserschutzgebiet

Es mahnt Fahrzeugführer, die wassergefährdende Stoffe geladen haben, sich besonders vorsichtig zu verhalten.

Zeichen 355

Fußgängerunter- oder -überführung

Zeichen 356

Verkehrshelfer

Zeichen 357

Sackgasse

Wintersport kann durch Zusatzschild (hinter Zeichen 101) erlaubt sein.

Zeichen 358

Erste Hilfe

Zeichen 359

Pannenhilfe

Zeichen 363

Polizei

Durch solche Zeichen mit entsprechenden Sinnbildern können auch andere Hinweise gegeben werden, wie auf Fernsprecher, Tankstellen, Zeltplätze und Plätze für Wohnwagen.

Zeichen 368

Verkehrsfunksender

Durch das Zeichen wird auf Verkehrsfunksender hingewiesen und den Fahrzeugführern empfohlen, auf Verkehrsdurchsagen zu achten. Im weißen Feld wird die Bezeichnung des Senders in abgekürzter Form angegeben. Die Zahl bezeichnet die UKW-Frequenz in Megahertz (MHz) und der Buchstabe den Verkehrsbereich.

Zeichen 375	Zeichen 376	Zeichen 377
Autobahnhotel	Autobahngasthaus	Autobahnkiosk

Zeichen 380

Richtgeschwindigkeit

Es empfiehlt, die angegebene Geschwindigkeit auch bei günstigen Straßen-, Verkehrs-, Sicht- und Wetterverhältnissen nicht zu überschreiten.

Zeichen 381

Ende der Richtgeschwindigkeit

Zeichen 385

Ortshinweistafel

Es dient der Unterrichtung über Namen von Ortschaften, soweit keine Ortstafeln (Zeichen 310) aufgestellt sind.

Zeichen 386

Touristischer Hinweis

Es dient außerhalb der Autobahnen dem Hinweis auf touristisch bedeutsame Ziele und der Kennzeichnung von Touristikstraßen sowie an Autobahnen der Unterrichtung über Landschaften und Sehenswürdigkeiten.

Zeichen 388

Es warnt, mit mehrspurigen Kraftfahrzeugen den für diese nicht genügend befestigten Seitenstreifen zu benutzen.

Wird statt des Sinnbildes eines Personenkraftwagens das eines Lastkraftwagens gezeigt, so gilt die Warnung nur Führern von Fahrzeugen mit einem zulässigen Gesamtgewicht über 2,8 t und Zugmaschinen.

Zeichen 392

Es weist auf eine Zollstelle hin.

Zeichen 393

Informationstafel an Grenzübergangsstellen

Zeichen 394

Es kennzeichnet innerhalb geschlossener Ortschaften Laternen, die nicht die ganze Nacht brennen. Laternenpfähle tragen Ringe gleicher Farbe. In dem roten Feld kann in weißer Schrift angegeben sein, wann die Laterne erlischt.

(8) Wegweisung

1. Wegweiser

Zeichen 401[1]   Zeichen 405   Zeichen 406   Zeichen 410

Nummernschilder für

Bundesstraßen   Autobahnen   Knotenpunkte   Europastraßen
                                der Autobahnen
                                 (Autobahnaus
                                 fahrten, Auto
                                 bahnkreuze und
                                 Autobahndreiecke)

Zeichen 415

auf Bundesstraßen

Diese Schilder geben keine Vorfahrt.

Zeichen 418   Zeichen 419

auf sonstigen Straßen

mit größerer   mit geringerer

Verkehrsbedeutung

Das Zusatzschild „Nebenstrecke" weist auf einen wegen seines schwächeren Verkehrs empfehlenswerten Umweg hin.

---

[1] Zum Gebiet der ehem. DDR siehe Fn. 1 zu § 12 Abs. 3 Nr. 8 Buchst. a.

Zeichen 421

für bestimmte Verkehrsarten

Zeichen 430

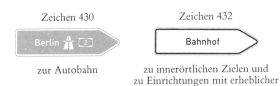

zur Autobahn

Zeichen 432

Bahnhof

zu innerörtlichen Zielen und
zu Einrichtungen mit erheblicher
Verkehrsbedeutung

Wird aus verkehrlichen Gründen auf private Ziele hingewiesen, so kann die Ausführung des Zeichens mit braunem Grund und weißen Zeichen erfolgen.

Zeichen 434

Wegweisertafel

Sie faßt alle Wegweiser einer Kreuzungszufahrt zusammen. Die Tafel kann auch als Vorwegweiser dienen.

Innerorts können Wegweiser auch folgende Formen haben:

Zeichen 435   Zeichen 436

Zeichen 437

An Kreuzungen und Einmündungen mit erheblichem Fahrverkehr sind sie auf die oben bezeichnete Weise aufgestellt.

2. Vorwegweiser

Zeichen 438   Zeichen 439

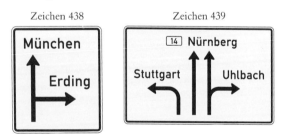

Es empfiehlt, sich frühzeitig einzuordnen.

Zeichen 440

zur Autobahn

Zeichen 442

für bestimmte Verkehrsarten

3. Wegweisung auf Autobahnen
Die „Ausfahrt" (Zeichen 332 und 333), ein Autobahnkreuz und ein Autobahndreieck werden angekündigt durch
– die Ankündigungstafel

Zeichen 448

in der die Sinnbilder hinweisen:

auf eine Autobahnausfahrt

auf ein Autobahnkreuz oder Autobahndreieck; es weist auch auf Kreuze und Dreiecke von Autobahnen mit autobahnähnlich ausgebauten Straßen des nachgeordneten Netzes hin.

Die Nummer ist die laufende Nummer der Ausfahrten, Autobahnkreuze und Autobahndreiecke der jeweils benutzten Autobahnen.

– den Vorwegweiser

Zeichen 449

– sowie auf 300 m, 200 m und 100 m durch Baken wie

Zeichen 450

Auf der 300-m-Bake einer Ausfahrt wird die Nummer der Ausfahrt
wiederholt.

Autobahnkreuze und Autobahndreiecke werden 2000 m vorher, Ausfahrten werden 1000 m vorher durch Zeichen 448 angekündigt. Der Vorwegweiser Zeichen 449 steht bei Autobahnkreuzen und Autobahndreiecken 1000 m und 500 m, bei Ausfahrten 500 m vorher.

Zeichen 453

Entfernungstafel

Sie gibt hinter jeder Ausfahrt, Abzweigung und Kreuzung die Entfernungen zur jeweiligen Ortsmitte an. Ziele, die über eine andere als die gerade befahrene Autobahn zu erreichen sind, werden in der Regel unterhalb des waagerechten Striches angegeben.

4. Umleitungen des Verkehrs bei Straßensperrungen

Zeichen 454

Es ist am Beginn der Umleitung und, soweit erforderlich, an den Kreuzungen und Einmündungen im Verlauf der Umleitungsstrecke angebracht.

Zeichen 455

Numerierte Umleitung

Die Umleitung kann angekündigt sein durch das

Zeichen 457

mit Zusatzschild, wie „400 m" oder „Richtung Stuttgart" sowie durch die Planskizze

Zeichen 458

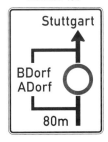

Müssen nur bestimmte Verkehrsarten umgeleitet werden, so sind diese auf einem Zusatzschild über dem Wegweiser (Zeichen 454) und über dem Ankündigungszeichen (Zeichen 457) angegeben, wie „Fahrzeuge über 7,5 t zulässiges Gesamtgewicht". Der Vorwegweiser und die Planskizze zeigen dann Verbotszeichen für die betroffenen Verkehrsarten, wie das Zeichen 262.

Das Ende der Umleitung wird mit dem

Zeichen 459

Ende einer Umleitung

angezeigt.

5. Numerierte Bedarfsumleitungen für den Autobahnverkehr

Zeichen 460

Bedarfsumleitung

Wer seine Fahrt vorübergehend auf anderen Strecken fortsetzen muß oder will, wird durch dieses Zeichen auf die Autobahn zurückgeleitet.

Zeichen 466

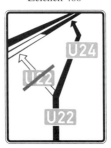

Bedarfsumleitungstafel

Kann der umgeleitete Verkehr an der nach Zeichen 460 vorgesehenen Anschlußstelle noch nicht auf die Autobahn zurückgeleitet werden, so wird er durch dieses Zeichen über die nächste Bedarfsumleitungsstrecke weitergeführt.

Zeichen 467

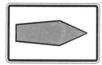

Umlenkungs-Pfeil

Streckenempfehlungen auf Autobahnen können durch den Umlenkungs-Pfeil gekennzeichnet werden.

6. Sonstige Verkehrslenkungstafeln

Zeichen 468

Schwierige Verkehrsführung

Es kündigt eine mit dem Zeichen „Vorgeschriebene Fahrtrichtung" (Zeichen 209 bis 214) verbundene Verkehrsführung an.

Zeichen 500

Überleitungstafel

Überleitungen des Verkehrs auf die Fahrbahn oder Fahrstreifen für den Gegenverkehr werden durch solche Tafeln angekündigt. Auch die Rückleitung des Verkehrs wird so angekündigt.

§ 43.[1] **Verkehrseinrichtungen.**

(1) Verkehrseinrichtungen sind Schranken, Sperrpfosten, Parkuhren, Parkscheinautomaten, Geländer, Absperrgeräte, Leiteinrichtungen sowie Blinklicht- und Lichtzeichenanlagen.

(2) Regelungen durch Verkehrseinrichtungen gehen den allgemeinen Verkehrsregeln vor.

(3) Verkehrseinrichtungen im einzelnen:

1. An Bahnübergängen sind die Schranken rot-weiß gestreift.

2. Absperrgeräte für Arbeits-, Schaden-, Unfall- und andere Stellen sind

Zeichen 600

Absperrschranke

---

[1] Zum Gebiet der ehem. DDR siehe Fn. zu § 39.

Zeichen 605

Leitbake (Warnbake)

Zeichen 610

Leitkegel

Zeichen 615

fahrbare Absperrtafel

Zeichen 616

fahrbare Absperrtafel mit Blinkpfeil

Die Absperrtafel weist auf eine Arbeitsstelle hin. Behelfsmäßig oder zusätzlich können weiß-rot-weiße Warnfahnen, aufgereihte rot-weiße Fahnen oder andere rot-weiße Warneinrichtungen verwendet werden. Warnleuchten an Absperrgeräten zeigen rotes Licht, wenn die ganze Fahrbahn gesperrt ist, sonst gelbes Licht oder gelbes Blinklicht. Die Absperrgeräte verbieten das Befahren der abgesperrten Straßenfläche.

3. Leiteinrichtungen

    a) Um den Verlauf der Straße kenntlich zu machen, können an den Straßenseiten

Zeichen 620

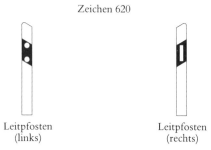

Leitpfosten   Leitpfosten
(links)   (rechts)

in der Regel in Abständen von 50 m stehen.

    b) An gefährlichen Stellen können schraffierte Leittafeln oder Leitmale angebracht sein, wie

Zeichen 625

Richtungstafel in Kurven

(4) Zur Kennzeichnung nach § 17 Abs. 4 Satz 2 und 3 von Fahrzeugen und Anhängern, die innerhalb geschlossener Ortschaften auf der Fahrbahn halten, können amtlich geprüfte Park-Warntafeln verwendet werden.

Zeichen 630

Park-Warntafel

III. Durchführungs-, Bußgeld- und Schlußvorschriften

§ 44. Sachliche Zuständigkeit. (1) [1]Sachlich zuständig zur Ausführung dieser Verordnung sind, soweit nichts anderes bestimmt ist, die Straßenverkehrsbehörden; dies sind die nach Landesrecht zuständigen unteren Verwaltungsbehörden oder die Behörden, denen durch Landesrecht die Aufgaben der Straßenverkehrsbehörde zugewiesen sind. [2]Die zuständigen obersten Landesbehörden und die höheren Verwaltungsbehörden können diesen Behörden Weisungen auch für den Einzelfall erteilen oder die erforderlichen Maßnahmen selbst treffen. [3]Nach Maßgabe des Landesrechts kann die Zuständigkeit der obersten Landesbehörden und der höheren Verwaltungsbehörden im Einzelfall oder allgemein auf eine andere Stelle übertragen werden.

(2) [1]Die Polizei ist befugt, den Verkehr durch Zeichen und Weisungen (§ 36) und durch Bedienung von Lichtzeichenanlagen zu regeln. [2]Bei Gefahr im Verzuge kann zur Aufrechterhaltung der Sicherheit oder Ordnung des Straßenverkehrs die Polizei an Stelle der an sich zuständigen Behörden tätig werden und vorläufige Maßnahmen treffen; sie bestimmt dann die Mittel zur Sicherung und Lenkung des Verkehrs.

(3) [1]Die Erlaubnis nach § 29 Abs. 2 und nach § 30 Abs. 2 erteilt die Straßenverkehrsbehörde, dagegen die höhere Verwaltungsbehörde, wenn die Veranstaltung über den Bezirk einer Straßenverkehrsbehörde hinausgeht, und die oberste Landesbehörde, wenn die Veranstaltung sich über den Verwaltungsbezirk einer höheren Verwaltungsbehörde hinaus erstreckt. [2]Berührt die Veranstaltung mehrere Länder, so ist diejenige oberste Landesbehörde zuständig, in deren Land die Veranstaltung beginnt. [3]Nach Maßgabe des Landesrechts kann die Zuständigkeit der obersten Landesbehörden und der höheren Verwaltungsbehörden im Einzelfall oder allgemein auf eine andere Stelle übertragen werden.

(3a) [1]Die Erlaubnis nach § 29 Abs. 3 erteilt die Straßenverkehrsbehörde, dagegen die höhere Verwaltungsbehörde, welche Abweichungen von den Abmessungen, den Achslasten, dem zulässigen Gesamtgewicht und dem Sichtfeld des Fahrzeugs über eine Ausnahme zuläßt, sofern kein Anhörverfahren stattfindet; sie ist dann auch zuständig für Ausnahmen nach § 46

Abs. 1 Nr. 2 und 5 im Rahmen einer solchen Erlaubnis. [2]Dasselbe gilt, wenn eine andere Behörde diese Aufgaben der höheren Verwaltungsbehörde wahrnimmt.

(4) Vereinbarungen über die Benutzung von Straßen durch den Militärverkehr werden von der Bundeswehr oder den Truppen der nichtdeutschen Vertragsstaaten des Nordatlantikpaktes mit der obersten Landesbehörde oder der von ihr bestimmten Stelle abgeschlossen.

(5) Soweit keine Vereinbarungen oder keine Sonderregelungen für ausländische Streitkräfte bestehen, erteilen die höheren Verwaltungsbehörden oder die nach Landesrecht bestimmten Stellen die Erlaubnis für übermäßige Benutzung der Straße durch die Bundeswehr oder durch die Truppen der nichtdeutschen Vertragsstaaten des Nordatlantikpaktes; sie erteilen auch die Erlaubnis für die übermäßige Benutzung der Straße durch den Bundesgrenzschutz, die Polizei und den Katastrophenschutz.

§ 45. Verkehrszeichen und Verkehrseinrichtungen. (1) [1]Die Straßenverkehrsbehörden können die Benutzung bestimmter Straßen oder Straßenstrecken aus Gründen der Sicherheit oder Ordnung des Verkehrs beschränken oder verbieten und den Verkehr umleiten. [2]Das gleiche Recht haben sie

1. zur Durchführung von Arbeiten im Straßenraum,
2. zur Verhütung außerordentlicher Schäden an der Straße,
3. zum Schutz der Wohnbevölkerung vor Lärm und Abgasen,
4. zum Schutz der Gewässer und Heilquellen,
5. hinsichtlich der zur Erhaltung der öffentlichen Sicherheit erforderlichen Maßnahmen sowie
6. zur Erforschung des Unfallgeschehens, des Verkehrsverhaltens, der Verkehrsabläufe sowie zur Erprobung geplanter verkehrssichernder oder verkehrsregelnder Maßnahmen.

(1a) Das gleiche Recht haben sie ferner

1. in Bade- und heilklimatischen Kurorten,
2. in Luftkurorten,
3. in Erholungsorten von besonderer Bedeutung,
4. in Landschaftsgebieten und Ortsteilen, die überwiegend der Erholung dienen,

4a. hinsichtlich örtlich begrenzter Maßnahmen aus Gründen des Arten- oder Biotopschutzes,

5. in der Nähe von Krankenhäusern und Pflegeanstalten sowie

6. in unmittelbarer Nähe von Erholungsstätten außerhalb geschlossener Ortschaften,

wenn dadurch anders nicht vermeidbare Belästigungen durch den Fahrzeugverkehr verhütet werden können.

(1b) Die Straßenverkehrsbehörden treffen auch die notwendigen Anordnungen

1. im Zusammenhang mit der Einrichtung von gebührenpflichtigen Parkplätzen für Großveranstaltungen,

2. im Zusammenhang mit der Kennzeichnung von Parkmöglichkeiten für Schwerbehinderte mit außergewöhnlicher Gehbehinderung und Blinde sowie für Anwohner,

3. zur Kennzeichnung von Fußgängerbereichen, verkehrsberuhigten Bereichen und geschwindigkeitsbeschränkten Zonen,

4. zur Erhaltung der Sicherheit oder Ordnung in diesen Bereichen sowie

5. zum Schutz der Bevölkerung vor Lärm und Abgasen oder zur Unterstützung einer geordneten städtebaulichen Entwicklung.

Die Straßenverkehrsbehörden ordnen die Parkmöglichkeiten für Anwohner, die Kennzeichnung von Fußgängerbereichen, verkehrsberuhigten Bereichen, geschwindigkeitsbeschränkten Zonen und Maßnahmen zum Schutze der Bevölkerung vor Lärm und Abgasen oder zur Unterstützung einer geordneten städtebaulichen Entwicklung im Einvernehmen mit der Gemeinde an.

(1c) In zentralen städtischen Bereichen mit hohem Fußgängeraufkommen und überwiegender Aufenthaltsfunktion (verkehrsberuhigte Geschäftsbereiche) können auch Zonen-Geschwindigkeitsbeschränkungen von weniger als 30 km/h angeordnet werden.

(1d) Nach Maßgabe der auf Grund des § 40 des Bundes-Immissionsschutzgesetzes von den Landesregierungen erlassenen Rechtsverordnungen (Smog-Verordnungen) bestimmen die Straßenverkehrsbehörden schließlich, wo und welche Verkehrszeichen und Verkehrseinrichtungen bei Smog aufzustellen sind.

(2) [1]Zur Durchführung von Straßenbauarbeiten und zur Verhütung von außerordentlichen Schäden an der Straße, die durch deren baulichen Zustand bedingt sind, können die Straßenbaubehörden – vorbehaltlich anderer Maßnahmen der Straßenverkehrsbehörden – Verkehrsverbote und -beschränkungen anordnen, den Verkehr umleiten und ihn durch Markierungen und Leiteinrichtungen lenken. [2]Straßenbaubehörde im Sinne dieser Verordnung ist die Behörde, welche die Aufgaben des beteiligten Trägers der Straßenbaulast nach den gesetzlichen Vorschriften wahrnimmt. [3]Für Bahnübergänge von Eisenbahnen des öffentlichen Verkehrs können nur die Bahnunternehmen durch Blinklicht- oder Lichtzeichenanlagen, durch rot-weiß gestreifte Schranken oder durch Aufstellung des Andreaskreuzes ein bestimmtes Verhalten der Verkehrsteilnehmer vorschreiben. [4]Alle Gebote und Verbote sind durch Zeichen und Verkehrseinrichtungen nach dieser Verordnung anzuordnen.

(3) [1]Im übrigen bestimmen die Straßenverkehrsbehörden, wo und welche Verkehrszeichen und Verkehrseinrichtungen anzubringen und zu entfernen sind, bei Straßennamensschildern nur darüber, wo diese so anzubringen sind, wie Zeichen 437 zeigt. [2]Die Straßenbaubehörden bestimmen – vorbehaltlich anderer Anordnungen der Straßenverkehrsbehörden – die Art der Anbringung und der Ausgestaltung, wie Übergröße, Beleuchtung; ob Leitpfosten anzubringen sind, bestimmen sie allein. [3]Sie können auch – vorbehaltlich anderer Maßnahmen der Straßenverkehrsbehörden – Gefahrzeichen anbringen, wenn die Sicherheit des Verkehrs durch den Zustand der Straße gefährdet wird.

(3a) [1]Die Straßenverkehrsbehörde erläßt die Anordnung zur Aufstellung der Zeichen 386 nur im Einvernehmen mit der obersten Straßenverkehrsbehörde des Landes oder der von ihr dafür beauftragten Stelle. [2]Die Zeichen werden durch die zuständige Straßenbaubehörde aufgestellt.

(4) Die genannten Behörden dürfen den Verkehr nur durch Verkehrszeichen und Verkehrseinrichtungen regeln und lenken; in den Fällen des Absatzes 1 Satz 2 Nr. 5 und des Absatzes 1d jedoch auch durch Anordnungen, die durch Rundfunk, Fernsehen, Tageszeitungen oder auf andere Weise bekanntgegeben werden, sofern die Aufstellung von Verkehrszeichen und -einrichtungen nach den gegebenen Umständen nicht möglich ist.

(5) [1]Zur Beschaffung, Anbringung, Unterhaltung und Entfernung der Verkehrszeichen und Verkehrseinrichtungen und

zu deren Betrieb einschließlich ihrer Beleuchtung ist der Baulastträger verpflichtet, sonst der Eigentümer der Straße. [2]Das gilt auch für die von der Straßenverkehrsbehörde angeordnete Beleuchtung von Fußgängerüberwegen. [3]Werden Verkehrszeichen oder Verkehrseinrichtungen für eine Veranstaltung nach § 29 Abs. 2 erforderlich, so kann die Straßenverkehrsbehörde der Gemeinde, in der die Veranstaltung stattfindet, mit deren Einvernehmen die Verpflichtung nach Satz 1 übertragen.

(6) [1]Vor dem Beginn von Arbeiten, die sich auf den Straßenverkehr auswirken, müssen die Unternehmer – die Bauunternehmer unter Vorlage eines Verkehrszeichenplans – der zuständigen Behörde Anordnungen nach Absatz 1 bis 3 darüber einholen, wie ihre Arbeitsstellen abzusperren und zu kennzeichnen sind, ob und wie der Verkehr, auch bei teilweiser Straßensperrung, zu beschränken, zu leiten und zu regeln ist, ferner ob und wie sie gesperrte Straßen und Umleitungen zu kennzeichnen haben. [2]Sie haben diese Anordnungen zu befolgen und Lichtzeichenanlagen zu bedienen.

(7) [1]Sind Straßen als Vorfahrtstraßen oder als Verkehrsumleitungen gekennzeichnet, bedürfen Baumaßnahmen, durch welche die Fahrbahn eingeengt wird, der Zustimmung der Straßenverkehrsbehörde; ausgenommen sind die laufende Straßenunterhaltung sowie Notmaßnahmen. [2]Die Zustimmung gilt als erteilt, wenn sich die Behörde nicht innerhalb einer Woche nach Eingang des Antrags zu der Maßnahme geäußert hat.

(8) [1]Die Straßenverkehrsbehörden können innerhalb geschlossener Ortschaften die zulässige Höchstgeschwindigkeit auf bestimmten Straßen durch Zeichen 274 erhöhen. [2]Außerhalb geschlossener Ortschaften können sie mit Zustimmung der zuständigen obersten Landesbehörden die nach § 3 Abs. 3 Nr. 2 Buchstabe c zulässige Höchstgeschwindigkeit durch Zeichen 274 auf 120 km/h anheben.

§ 46. Ausnahmegenehmigung und Erlaubnis. (1) [1]Die Straßenverkehrsbehörden können in bestimmten Einzelfällen oder allgemein für bestimmte Antragsteller Ausnahmen genehmigen

1. von den Vorschriften über die Straßenbenutzung (§ 2);
2. vom Verbot, eine Autobahn oder eine Kraftfahrstraße zu betreten oder mit dort nicht zugelassenen Fahrzeugen zu benutzen (§ 18 Abs. 1, 10);

3. von den Halt- und Parkverboten (§ 12 Abs. 4);

4. vom Verbot des Parkens vor oder gegenüber von Grundstücksein- und -ausfahrten (§ 12 Abs. 3 Nr. 3);

4a. von der Vorschrift, an Parkuhren nur während des Laufes der Uhr, an Parkscheinautomaten nur mit einem Parkschein zu halten (§ 13 Abs. 1);

4b. von der Vorschrift, im Bereich eines Zonenhaltverbots (Zeichen 290 und 292) nur während der dort vorgeschriebenen Zeit zu parken (§ 13 Abs. 2);

4c. von den Vorschriften über das Abschleppen von Fahrzeugen (§ 15a);

5. von den Vorschriften über Höhe, Länge und Breite von Fahrzeug und Ladung (§ 18 Abs. 1 Satz 2, § 22 Abs. 2 bis 4);

5a. von dem Verbot der unzulässigen Mitnahme von Personen (§ 21);

5b. von den Vorschriften über das Anlegen von Sicherheitsgurten und das Tragen von Schutzhelmen (§ 21a);

6. vom Verbot, Tiere von Kraftfahrzeugen und andere Tiere als Hunde von Fahrrädern aus zu führen (§ 28 Abs. 1 Satz 3 und 4);

7. vom Sonntagsfahrverbot (§ 30 Abs. 3);

8. vom Verbot, Hindernisse auf die Straße zu bringen (§ 32 Abs. 1);

9. von den Verboten, Lautsprecher zu betreiben, Waren oder Leistungen auf der Straße anzubieten (§ 33 Abs. 1 Nr. 1 und 2);

10. vom Verbot der Werbung und Propaganda in Verbindung mit Verkehrszeichen (§ 33 Abs. 2 Satz 2) nur für die Flächen von Leuchtsäulen, an denen Haltestellenschilder öffentlicher Verkehrsmittel angebracht sind;

11. von den Verboten oder Beschränkungen, die durch Vorschriftzeichen (§ 41), Richtzeichen (§ 42), Verkehrseinrichtungen (§ 43 Abs. 1 und 3) oder Anordnungen (§ 45 Abs. 4) erlassen sind;

12. von dem Nacht- und Sonntagsparkverbot (§ 12 Abs. 3a).

²Vom Verbot, Personen auf der Ladefläche mitzunehmen (§ 21 Abs. 2), können für die Dienstbereiche der Bundeswehr, der auf Grund des Nordatlantik-Vertrages errichteten internationa-

len Hauptquartiere, des Bundesgrenzschutzes, der Deutschen Bundespost und der Polizei deren Dienststellen, für den Katastrophenschutz die zuständigen Landesbehörden, Ausnahmen genehmigen. [3]Dasselbe gilt für die Vorschrift, daß vorgeschriebene Sicherheitsgurte angelegt sein oder Schutzhelme getragen werden müssen (§ 21a).

(2) [1]Die zuständigen obersten Landesbehörden oder die nach Landesrecht bestimmten Stellen können von allen Vorschriften dieser Verordnung Ausnahmen für bestimmte Einzelfälle oder allgemein für bestimmte Antragsteller genehmigen. [2]Vom Sonntagsfahrverbot (§ 30 Abs. 3) können sie darüber hinaus für bestimmte Straßen oder Straßenstrecken Ausnahmen zulassen, soweit diese im Rahmen unterschiedlicher Feiertagsregelung in den Ländern (§ 30 Abs. 4) notwendig werden. [3]Erstrecken sich die Auswirkungen der Ausnahme über ein Land hinaus und ist eine einheitliche Entscheidung notwendig, so ist der Bundesminister für Verkehr zuständig; das gilt nicht für Ausnahmen vom Verbot der Rennveranstaltungen (§ 29 Abs. 1).

(3) [1]Ausnahmegenehmigung und Erlaubnis können unter dem Vorbehalt des Widerrufs erteilt werden und mit Nebenbestimmungen (Bedingungen, Befristungen, Auflagen) versehen werden. [2]Erforderlichenfalls kann die zuständige Behörde die Beibringung eines Sachverständigengutachtens auf Kosten des Antragstellers verlangen. [3]Die Bescheide sind mitzuführen und auf Verlangen zuständigen Personen auszuhändigen. [4]Bei Erlaubnissen nach § 29 Abs. 3 genügt das Mitführen fernkopierter Bescheide.

(4) Ausnahmegenehmigungen und Erlaubnisse der zuständigen Behörde sind für den Geltungsbereich dieser Verordnung wirksam, sofern sie nicht einen anderen Geltungsbereich nennen.

§ 47. Örtliche Zuständigkeit. (1) [1]Die Erlaubnis nach § 29 Abs. 2 und nach § 30 Abs. 2 erteilt für eine Veranstaltung, die im Ausland beginnt, die nach § 44 Abs. 3 sachlich zuständige Behörde, in deren Gebiet die Grenzübergangsstelle liegt. [2]Diese Behörde ist auch zuständig, wenn sonst erlaubnis- oder genehmigungspflichtiger Verkehr im Ausland beginnt. [3]Die Erlaubnis nach § 29 Abs. 3 erteilt die Straßenverkehrsbehörde, in deren Bezirk der erlaubnispflichtige Verkehr beginnt, oder die

Straßenverkehrsbehörde, in deren Bezirk der Antragsteller seinen Wohnort, seinen Sitz oder eine Zweigniederlassung hat.

(2) Zuständig sind für die Erteilung von Ausnahmegenehmigungen:

1. nach § 46 Abs. 1 Nr. 2 für eine Ausnahme von § 18 Abs. 1 die Straßenverkehrsbehörde, in deren Bezirk auf die Autobahn oder Kraftfahrtstraße eingefahren werden soll. Wird jedoch eine Erlaubnis nach § 29 Abs. 3 oder eine Ausnahmegenehmigung nach § 46 Abs. 1 Nr. 5 erteilt, so ist die Verwaltungsbehörde zuständig, die diese Verfügung erläßt;

2. nach § 46 Abs. 1 Nr. 4a für kleinwüchsige Menschen sowie nach § 46 Abs. 1 Nr. 4a und 4b für Ohnhänder die Straßenverkehrsbehörde, in deren Bezirk der Antragsteller seinen Wohnort hat, auch für die Bereiche, die außerhalb ihres Bezirks liegen;

3. nach § 46 Abs. 1 Nr. 4c die Straßenverkehrsbehörde, in deren Bezirk der Antragsteller seinen Wohnort, seinen Sitz oder eine Zweigniederlassung hat;

4. nach § 46 Abs. 1 Nr. 5 die Straßenverkehrsbehörde, in deren Bezirk der zu genehmigende Verkehr beginnt, oder die Straßenverkehrsbehörde, in deren Bezirk der Antragsteller seinen Wohnort, seinen Sitz oder eine Zweigniederlassung hat;

5. nach § 46 Abs. 1 Nr. 5b die Straßenverkehrsbehörde, in deren Bezirk der Antragsteller seinen Wohnort hat, auch für die Bereiche, die außerhalb ihres Bezirks liegen;

6. nach § 46 Abs. 1 Nr. 7 die Straßenverkehrsbehörde, in deren Bezirk die Ladung aufgenommen wird oder die Straßenverkehrsbehörde, in deren Bezirk der Antragsteller seinen Wohnort, seinen Sitz oder eine Zweigniederlassung hat. Diese sind auch für die Genehmigung der Leerfahrt zum Beladungsort zuständig, ferner dann, wenn in ihrem Land von der Ausnahmegenehmigung kein Gebrauch gemacht wird oder wenn dort kein Fahrverbot besteht;

7. nach § 46 Abs. 1 Nr. 11 die Straßenverkehrsbehörde, in deren Bezirk die Verbote, Beschränkungen und Anordnungen erlassen sind, für Schwerbehinderte mit außergewöhnlicher Gehbehinderung und Blinde jedoch jede Straßenverkehrsbehörde auch für solche Maßnahmen, die außerhalb ihres Bezirks angeordnet sind;

8. in allen übrigen Fällen die Straßenverkehrsbehörde, in deren Bezirk von der Ausnahmegenehmigung Gebrauch gemacht werden soll.

(3) Die Erlaubnis für die übermäßige Benutzung der Straße durch die Bundeswehr, die in § 35 Abs. 5 genannten Truppen, den Bundesgrenzschutz, die Polizei und den Katastrophenschutz erteilt die höhere Verwaltungsbehörde oder die nach Landesrecht bestimmte Stelle, in deren Bezirk der erlaubnispflichtige Verkehr beginnt.

§ 48. Verkehrsunterricht. Wer Verkehrsvorschriften nicht beachtet, ist auf Vorladung der Straßenverkehrsbehörde oder der von ihr beauftragten Beamten verpflichtet, an einem Unterricht über das Verhalten im Straßenverkehr teilzunehmen.

§ 49. Ordnungswidrigkeiten. (1) Ordnungswidrig im Sinne des § 24 des Straßenverkehrsgesetzes handelt, wer vorsätzlich oder fahrlässig gegen eine Vorschrift über

1. das allgemeine Verhalten im Straßenverkehr nach § 1 Abs. 2,

2. die Straßenbenutzung durch Fahrzeuge nach § 2,

3. die Geschwindigkeit nach § 3,

4. den Abstand nach § 4,

5. das Überholen nach § 5 Abs. 1 bis 4a, Abs. 5 Satz 2, Abs. 6 oder 7,

6. das Vorbeifahren nach § 6,

7. den Fahrstreifenwechsel nach § 7 Abs. 5,

8. die Vorfahrt nach § 8,

9. das Abbiegen, Wenden oder Rückwärtsfahren nach § 9 Abs. 1, 2 Satz 1, 4 oder 5, Abs. 3 bis 5,

10. das Einfahren oder Anfahren nach § 10,

11. das Verhalten bei besonderen Verkehrslagen nach § 11 Abs. 1 oder 2,

12. das Halten oder Parken nach § 12 Abs. 1, 1a, 3, 3a Satz 1, Abs. 3b Satz 1, Abs. 4 Satz 1, 2 zweiter Halbsatz, Satz 3 oder 5 oder Abs. 4a bis 6,

13. Parkuhren, Parkscheine oder Parkscheiben nach § 13 Abs. 1 oder 2,

14. die Sorgfaltspflichten beim Ein- oder Aussteigen nach § 14,

15. das Liegenbleiben von Fahrzeugen nach § 15,

15a. das Abschleppen nach § 15a,

16. die Abgabe von Warnzeichen nach § 16,

17. die Beleuchtung und das Stehenlassen unbeleuchteter Fahrzeuge nach § 17,

18. die Benutzung von Autobahnen und Kraftfahrstraßen nach § 18 Abs. 1 bis 3, Abs. 5 Satz 2 oder Abs. 6 bis 10,

19. das Verhalten
    a) an Bahnübergängen nach § 19 oder
    b) an Haltestellen von öffentlichen Verkehrsmitteln und an haltenden Schulbussen nach § 20,

20. die Personenbeförderung nach § 21 Abs. 1, 1a, Abs. 2 oder 3,

20a. das Anlegen von Sicherheitsgurten nach § 21a Abs. 1 Satz 1 oder das Tragen von Schutzhelmen nach § 21a Abs. 2,

21. die Ladung nach § 22,

22. sonstige Pflichten des Fahrzeugführers nach § 23,

23. das Fahren mit Krankenfahrstühlen oder anderen als in § 24 Abs. 1 genannten Rollstühlen nach § 24 Abs. 2,

24. das Verhalten
    a) als Fußgänger nach § 25 Abs. 1 bis 4,
    b) an Fußgängerüberwegen nach § 26 oder
    c) auf Brücken nach § 27 Abs. 6,

25. den Umweltschutz nach § 30 Abs. 1 oder 2 oder das Sonntagsfahrverbot nach § 30 Abs. 3 Satz 1 oder 2 Nr. 4 Satz 2,

26. das Sporttreiben oder Spielen nach § 31,

27. das Bereiten, Beseitigen oder Kenntlichmachen von verkehrswidrigen Zuständen oder die wirksame Verkleidung gefährlicher Geräte nach § 32,

28. Verkehrsbeeinträchtigungen nach § 33 oder

29. das Verhalten nach einem Verkehrsunfall nach § 34 Abs. 1 Nr. 1, Nr. 2, Nr. 5 Buchstabe a, b oder Nr. 6 Buchstabe b – sofern er in diesem letzten Fall zwar eine nach den Umständen angemessene Frist wartet, aber nicht Name und Anschrift am Unfallort hinterläßt – oder nach § 34 Abs. 3,

verstößt.

(2) Ordnungswidrig im Sinne des § 24 des Straßenverkehrsgesetzes handelt auch, wer vorsätzlich oder fahrlässig

1. als Führer eines geschlossenen Verbandes entgegen § 27 Abs. 5 nicht dafür sorgt, daß die für geschlossene Verbände geltenden Vorschriften befolgt werden,

1a. entgegen § 27 Abs. 2 einen geschlossenen Verband unterbricht,

2. als Führer einer Kinder- oder Jugendgruppe entgegen § 27 Abs. 1 Satz 4 diese nicht den Gehweg benutzen läßt,

3. als Tierhalter oder sonst für die Tiere Verantwortlicher einer Vorschrift nach § 28 Abs. 1 oder Abs. 2 Satz 2 zuwiderhandelt,

4. als Reiter, Führer von Pferden, Treiber oder Führer von Vieh entgegen § 28 Abs. 2 einer für den gesamten Fahrverkehr einheitlich bestehenden Verkehrsregel oder Anordnung zuwiderhandelt,

5. als Kraftfahrzeugführer entgegen § 29 Abs. 1 an einem Rennen teilnimmt,

6. entgegen § 29 Abs. 2 Satz 1 eine Veranstaltung durchführt oder als Veranstalter entgegen § 29 Abs. 2 Satz 3 nicht dafür sorgt, daß die in Betracht kommenden Verkehrsvorschriften oder Auflagen befolgt werden oder

7. entgegen § 29 Abs. 3 ein dort genanntes Fahrzeug oder einen Zug führt.

(3) Ordnungswidrig im Sinne des § 24 des Straßenverkehrsgesetzes handelt ferner, wer vorsätzlich oder fahrlässig

1. entgegen § 36 Abs. 1 bis 4 ein Zeichen oder eine Weisung oder entgegen Abs. 5 Satz 4 ein Haltgebot oder eine Anweisung eines Polizeibeamten nicht befolgt,

2. einer Vorschrift des § 37 über das Verhalten an Wechsellichtzeichen, Dauerlichtzeichen oder beim Rechtsabbiegen mit Grünpfeil zuwiderhandelt,

3. entgegen § 38 Abs. 1, Abs. 2 oder 3 Satz 3 blaues Blinklicht zusammen mit dem Einsatzhorn oder allein oder gelbes Blinklicht verwendet oder entgegen § 38 Abs. 1 Satz 2 nicht sofort freie Bahn schafft,

4. entgegen § 41 eine durch ein Vorschriftzeichen gegebene Anordnung nicht befolgt,

5. entgegen § 42 eine durch die Zusatzschilder zu den Zeichen 306, 314, 315 oder durch die Zeichen 315, 325 oder 340 gegebene Anordnung nicht befolgt,

6. entgegen § 43 Abs. 2 und 3 Nr. 2 durch Absperrgeräte abgesperrte Straßenflächen befährt oder

7. einer den Verkehr verbietenden oder beschränkenden Anordnung, die nach § 45 Abs. 4 zweiter Halbsatz bekanntgegeben worden ist, zuwiderhandelt.

(4) Ordnungswidrig im Sinne des § 24 des Straßenverkehrsgesetzes handelt schließlich, wer vorsätzlich oder fahrlässig

1. dem Verbot des § 35 Abs. 6 Satz 1, 2 oder 3 über die Reinigung von Gehwegen zuwiderhandelt,

1a. entgegen § 35 Abs. 6 Satz 4 keine auffällige Warnkleidung trägt,

2. entgegen § 35 Abs. 8 Sonderrechte ausübt, ohne die öffentliche Sicherheit und Ordnung gebührend zu berücksichtigen,

3. entgegen § 45 Abs. 6 mit Arbeiten beginnt, ohne zuvor Anordnungen eingeholt zu haben, diese Anordnungen nicht befolgt oder Lichtzeichenanlagen nicht bedient,

4. entgegen § 46 Abs. 3 Satz 1 eine vollziehbare Auflage der Ausnahmegenehmigung oder Erlaubnis nicht befolgt,

5. entgegen § 46 Abs. 3 Satz 3 die Bescheide nicht mitführt oder auf Verlangen nicht aushändigt,

6. entgegen § 48 einer Vorladung zum Verkehrsunterricht nicht folgt oder

7. entgegen § 50 auf der Insel Helgoland ein Kraftfahrzeug führt oder mit einem Fahrrad fährt.

§ 50. Sonderregelung für die Insel Helgoland. Auf der Insel Helgoland sind der Verkehr mit Kraftfahrzeugen und das Radfahren verboten.

§ 51. Besondere Kostenregelung. Die Kosten des Zeichens 386 trägt abweichend von § 5b Abs. 1 des Straßenverkehrsgesetzes derjenige, der die Aufstellung dieses Zeichens beantragt.

§ 52. Entgelt für die Benutzung tatsächlich-öffentlicher Verkehrsflächen. Diese Verordnung steht der Erhebung von Entgelten für die Benutzung von Verkehrsflächen, an denen

kein Gemeingebrauch besteht, auf Grund anderer als straßenverkehrsrechtlicher Bestimmungen nicht entgegen.

§ 53. Inkrafttreten. (1) Diese Verordnung tritt am 1. März
1971 in Kraft.

(2) Die Straßenverkehrs-Ordnung vom 13. November 1937
(Reichsgesetzbl. I S. 1179) in der Fassung der Bekanntmachung
vom 29. März 1956 (Bundesgesetzbl. I S. 271, 327) mit den
Änderungen der Verordnung vom 25. Juli 1957 (Bundesgesetzbl. I S. 780), vom 7. Juli 1960 (Bundesgesetzbl. I S. 485),
vom 29. Dezember 1960 (Bundesgesetzbl. 1961 I S. 8) und vom
30. April 1964 (Bundesgesetzbl. I S. 305) tritt mit dem gleichen
Tage außer Kraft.

(3) Das Zeichen 226 der Straßenverkehrs-Ordnung vom
16. November 1970 (BGBl. I S. 1565, 1971 I S. 38) in der Fassung der Verordnung vom 28. April 1982 (BGBl. I S. 564) hat
bis zum 31. Dezember 1995 die Bedeutung des Zeichens 224 in
der Fassung der vorstehenden Verordnung.

(4) [1]Die Zeichen 274, 278, 307, 314, 380, 385 und die bisherigen Absperrschranken mit schrägen Schraffen behalten die
Bedeutung, die sie nach der vor dem 1. Oktober 1988 geltenden Fassung dieser Verordnung hatten, bis längstens zum
31. Dezember 1998. [2]Bis längstens 31. Dezember 1998 können
Fußgängerbereiche (Zeichen 242/243) auch weiterhin mit Zeichen 241 gekennzeichnet werden. [3]Bild 291 behält die Bedeutung, die es nach der vor dem 1. Oktober 1988 geltenden Fassung dieser Verordnung hatte, bis längstens zum 30. April
1989.

(5) Das Zusatzschild mit der Aufschrift „bei Nässe" darf bis
zum 31. Dezember 1988 verwendet werden.

(6) Schutzhelme, die nicht in amtlich genehmigter Bauart
ausgeführt sind, dürfen nach dem 1. Januar 1990 nicht mehr
verwendet werden.

(7) Die bisherigen Zeichen 290 und 292 behalten die Bedeutung, die sie nach der vor dem 1. Januar 1990 geltenden Fassung
der Straßenverkehrs-Ordnung hatten, bis längstens zum
31. Dezember 1999.

(8) Die bisherigen Zeichen 448 und 450 (300-m-Bake) bei
Autobahnausfahrten dürfen bis zum 31. Dezember 1995 verwendet werden.

(9) [1]Verkehrszeichen in der Gestaltung nach der bis zum 1. Juli 1992 geltenden Fassung dieser Verordnung behalten auch danach ihre Gültigkeit. [2]Ab dem 1. Juli 1992 dürfen jedoch nur noch Verkehrszeichen und Verkehrseinrichtungen mit den neuen Symbolen angeordnet und aufgestellt werden.

(10) Die Kennzeichnung des Anfangs, des Verlaufs und des Endes einer Verbotsstrecke durch Zusatzschilder (§ 41 Abs. 2 Nr. 8 Buchstabe c Satz 3 in der bis 30. Juni 1992 geltenden Fassung) bleibt bis 30. Juni 1994 wirksam.

(11) Die Kennzeichnung des Anfangs, des Verlaufs und des Endes einer Strecke, auf der das Parken durch die Zeichen 314 oder 315 (§ 42 Abs. 4) erlaubt ist, durch Zusatzschilder bleibt bis 30. Juni 1994 wirksam.

(12) Rote und gelbe Pfeile in Lichtzeichenanlagen gemäß § 37 Abs. 2 Nr. 1 in der bis zum 30. Juni 1992 geltenden Fassung bleiben bis zum 31. Dezember 2005 gültig.

(13) Die bisherigen Zeichen 229 behalten die Bedeutung, die sie nach der vor dem 1. März 1994 geltenden Fassung der Straßenverkehrs-Ordnung hatten, bis längstens 31. Dezember 1994.

2. Verordnung über
das Verhalten im Straßenverkehr
(Straßenverkehrs-Ordnung – StVO –)★

Vom 26. Mai 1977 (GBl. I S. 257)

Zuletzt geändert durch 5. Verordnung über das Verhalten im Straßenverkehr
(GBl. I 1986 S. 417), mit Maßgaben durch Anlage II Kapitel XI Sachgebiet B
Abschnitt III Nr. 4 des Einigungsvertrages vom 31. August 1990
(BGBl. II S. 889, 1223)

– Auszug –

§ 7.★★ ·† Fahrtüchtigkeit.

(1) . . .

(2) Fahrzeugführer dürfen bei Antritt und während der Fahrt
nicht unter Einwirkung von Alkohol stehen.

(3), (4).

§ 47.★★ Ordnungsstrafbestimmungen.

(1) Wer vorsätzlich oder fahrlässig den Bestimmungen dieser
Verordnung oder den zu ihrer Ausführung im Einzelfall münd-
lich, schriftlich oder durch Zeichen erhobenen Forderungen zuwiderhandelt, kann mit Verweis oder Ordnungsstrafe von 10
bis 300 M belegt werden.

★ Die StVO/DDR hat gemäß Einigungsvertrag vom 31. 8. 1990 (BGBl. II
S. 889, 1223) im Gebiet der ehem. DDR zum 31. 12. 1990 fortgegolten. Der
abgedruckte Auszug gilt mit den jeweils aufgeführten Maßgaben über diesen
Zeitpunkt hinaus.
★★ § 7 Abs. 2 in Verbindung mit § 47 Abs. 1 bis 3 gilt über den 31. Dezember
1990 fort. Vgl. Einigungsvertrag vom 31. 8. 1990 (BGBl. II S. 889, 1223).
† Zuwiderhandlungen gegen die Vorschriften und Zuwiderhandlungen gegen das mit Bild 215 angeordnete Verbot sowie gegen eine jeweils zusammen
mit Bild 422 angeordnete Beschränkung stehen Ordnungswidrigkeiten im
Sinne des § 24 des Straßenverkehrsgesetzes in der im Bundesgesetzblatt Teil
III, Gliederungsnummer 9231–1, veröffentlichten bereinigten Fassung, zuletzt
geändert durch Gesetz vom 28. Januar 1987 (BGBl. I S. 486), gleich, vgl.
Einigungsvertrag vom 31. 8. 1990 (BGBl. II S. 889, 1223).

(2) Wer eine im Abs. 1 genannte Zuwiderhandlung

a) begeht und wegen einer solchen Handlung innerhalb der letzten 2 Jahre bereits mit einer Ordnungsstrafmaßnahme belegt oder strafrechtlich zur Verantwortung gezogen wurde,
b) in rücksichtsloser Weise begeht,
c) begeht und dadurch schuldhaft Personen- oder Sachschaden verursacht, ohne daß strafrechtliche Verantwortlichkeit eintritt,

kann mit Ordnungsstrafe bis zu 500 M belegt werden.

(3) Wer

a) trotz verminderter Fahrtüchtigkeit infolge von Alkoholeinwirkung ein Fahrzeug führt, obwohl er in den vergangenen 2 Jahren aus dem gleichen Grund bereits mit einer Ordnungsstrafmaßnahme belegt oder strafrechtlich zur Verantwortung gezogen wurde,
b) ein Fahrzeug führt, obwohl seine Fahrtüchtigkeit erheblich beeinträchtigt ist, ohne daß strafrechtliche Verantwortlichkeit vorliegt,

kann mit Ordnungsstrafe bis zu 1000 M belegt werden.

Anlage 2 zur StVO

Verkehrszeichen und -leiteinrichtungen[1]

Die Symbole und Aufschriften der mit * gekennzeichneten Verkehrszeichen und -leiteinrichtungen können entsprechend den örtlichen Bedingungen verändert sein.

I. Warnzeichen

Bild 101
Gefahrenstelle

Bild 102
unebene Fahrbahn

Bild 103
Kreuzung mit unter-
geordneter Straße

Bild 104
Kreuzung

Bild 105
Lichtsignalanlage

Bild 106 *
gefährliche Kurve

Bild 107 *
gefährliche Doppel-
kurve

Bild 108 *
starkes Gefälle

Bild 109 *
starke Steigung

Bild 110
Seitenwind

Bild 111
Schleudergefahr

---

[1] Neben den in den §§ 39 bis 43 StVO vom 16. 11. 1970 (BGBl. I S. 1565), zuletzt geändert durch VO vom 19. 11. 1989 (BGBl. I S. 1976) geregelten Verkehrszeichen bleiben diejenigen Verkehrszeichen dieser Anlage 2 gültig, die in ihrer Ausführung dem Sinn der in §§ 39 bis 43 geregelten Verkehrszeichen entsprechen. Es gelten die Bestimmungen der §§ 39 bis 43.

Die bis zum Wirksamwerden des Beitritts aufgestellten Verkehrszeichen gemäß dieser Anlage 2, die nicht in den §§ 39 bis 43 der StVO der BRD geregelt sind, bleiben mit hinweisendem Charakter gültig. Siehe hierzu die Übergangsvorschrift in § 53 Abs. 9 StVO.

Bild 112
Einengung der
Fahrbahn beidseitig

Bild 113 *
Einengung der
Fahrbahn einseitig

Bild 114
Gegenverkehr

Bild 115
Baustelle

Bild 116
Splitt, Schotter

Bild 117
Steinschlag

Bild 118
Fußgängerüberweg

Bild 119
Kinder

Bild 120
Wild

Bild 121
Tiere

Bild 122
Flugbetrieb

Bild 123
Radfahrer

Bild 124
Straßenbahn

Bild 125
unbeschrankter
Bahnübergang

Bild 126
beschrankter
Bahnübergang

Bild 127 *
dreistreifige Bake
(rechts – 240 m)

Bild 128 *
zweistreifige Bake
(links – 160 m)

Bild 129 *
einstreifige Bake
(rechts – 80 m)

Bild 130 *
Warnkreuz
am Bahnübergang

II. Vorschriftszeichen

Bild 201
Verkehrsverbot für
alle Fahrzeuge

Bild 202
Einfahrt verboten

Bild 203
Fahrverbot für
mehrspurige
Kraftfahrzeuge

Bild 204
Fahrverbot für
einspurige
Kraftfahrzeuge

Bild 205
Fahrverbot für alle
Kraftfahrzeuge

Bild 206
Fahrverbot für
Lastkraftwagen

Bild 207
Fahrverbot für
Traktoren

Bild 208
Fahrverbot für Kraft-
fahrzeuge mit
mehrachsigen
Anhängefahrzeugen

Bild 209
Fahrverbot für
Radfahrer

Bild 210
Fahrverbot für
Gespannfahrzeuge

Bild 211 *
Fahrverbot für
Fahrzeuge
über eine
bestimmte Breite

Bild 212 *
Fahrverbot für
Fahrzeuge
über eine
bestimmte Höhe

Bild 213 *
Fahrverbot für
Fahrzeuge
über eine
bestimmte
Gesamtmasse

Bild 214 *
Fahrverbot für
Fahrzeuge
über eine
bestimmte
Achslast

Bild 214a
Fahrverbot für
Fahrzeuge
mit gefährlichen
Gütern gemäß
Bild 341

Bild 214b
Fahrverbot für
Fahrzeuge
mit Sprengstoffen
oder leicht
entzündbaren
Stoffen

Bild 214c
Fahrverbot für
Fahrzeuge mit
wasserverunreinigenden
Stoffen

Bild 215[1]
Wendeverbot

Bild 216
Hupverbot

Bild 217 *
vorgeschriebener
Mindestabstand
für Kraftfahrzeuge

---

[1] Gemäß Einigungsvertrag vom 31. 8. 1990 (BGBl. II S. 889, 1223) gilt folgendes:
Die Verkehrszeichen Bilder 215 (Wendeverbot), 419 (nicht gültig für abgebildete Fahrzeugart), 421 (nicht gültig für Schwerst-Gehbehinderte mit Ausnahmegenehmigung) und 422 (gültig bei Nässe) behalten ihre bisherige Bedeutung. Siehe auch Fn. † zu § 7.

Bild 218 *
zulässige Höchst-
geschwindigkeit

Bild 219
Verbot, mehrspurige
Kraftfahrzeuge
zu überholen

Bild 220
Verbot mit
Fahrzeugen über
3,5 t zulässige
Gesamtmasse,
mehrspurige
Kraftfahrzeuge
zu überholen

Bild 221
Ende aller durch
Verkehrszeichen
angezeigten Verbote
für fahrende Fahrzeuge

Bild 222 *
Ende der angezeigten
zulässigen Höchst-
geschwindigkeit

Bild 223
Ende des
Überholverbotes

Bild 224
Halteverbot

Bild 225
Parkverbot

Bild 226
Halt – Vorfahrt gewähren

Bild 227
Vorfahrt gewähren

Bild 228
Halt – Weiterfahrt
nach Aufforderung

Bild 229
Wartepflicht
bei Gegenverkehr

Bild 230 *
vorgeschriebene
Mindestgeschwindigkeit

Bild 231 *
Ende der
vorgeschriebenen
Mindestgeschwindigkeit

Bild 232
Schneeketten, andere
Gleitschutzeinrichtungen
oder Winterreifen
vorgeschrieben

Bild 233 *
vorgeschriebene
Fahrtrichtung

Bild 234 *
vorgeschriebene
Fahrtrichtungen

Bild 235 *
vorgeschriebene Fahrtrichtung
für abbiegende Fahrzeuge

Bild 236 *
vorgeschriebene Seite
für das Vorbeifahren

Bild 237 *
Einbahnstraße

Bild 238
Einbahnstraße

Bild 239 *
Einordnen

126

Bild 240 *
Verringerung der Zahl
der Fahrspuren

Bild 241 *
Vergrößerung der Zahl
der Fahrspuren

Bild 242 *
Beginn einer Fahrspur
für langsamfahrende
Fahrzeuge

Bild 243
Haltestelle
von Omnibussen

Bild 244
Haltestelle von
Schienenfahrzeugen

Bild 245
Fußgängerüberweg

Bild 246 *
Fußgängerbrücke
oder -tunnel

Bild 247 *
für Fußgänger:
Gegenüberliegende
Straßenseite
benutzen

Bild 248
Gehweg

Bild 249
Radweg

Bild 249a *
nebeneinanderliegender
Rad- und Gehweg

Bild 249b
gemeinsamer
Rad- und Gehweg

Bild 250 *
Parkplatz

Bild 251
reservierte
Parkfläche

Bild 252 *
Parkplatz
nur für Taxi

Bild 253 *
Parkplatz mit
begrenzter
Parkdauer;
Benutzung
nur mit
Parkscheibe

Bild 254
Parkordnung quer
zur Fahrtrichtung

Bild 255
Parkordnung schräg
zur Fahrtrichtung

Bild 256 *
Parkordnung
auf dem Gehweg

Bild 257 *
Parkordnung halb
auf dem Gehweg

Bild 258 *
Parkordnung
auf dem Gehweg,
quer zur Fahrtrichtung

Bild 259 *
Parkordnung halb
auf dem Gehweg,
quer zur
Fahrtrichtung

Bild 260 *
Parkordnung
auf der Fahrbahn,
parallel zur
Fahrtrichtung

Die Parkordnung gemäß Bild 254 bis 260 gilt nur für Fahrzeuge bis 2,5 t zulässige Gesamtmasse,
soweit nicht durch Zusatzzeichen eine Erweiterung angezeigt ist.

Bild 261 *
Anfang eines Gebietes

Bild 262 *
Ende eines Gebietes

mit Verkehrsbeschränkung

III. Hinweiszeichen

Bild 301
Hauptstraße

Bild 302
Ende der Hauptstraße

Bild 303 *
Europastraße

Bild 304 *
Fernverkehrsstraße

Bild 305
Anfang der Autobahn

Bild 306
Ende der Autobahn

Bild 307 *
Wegweiser zur Autobahn

Bild 308 *
Ankündigung einer
Autobahnanschlußstelle

Bild 309 *
Vorwegweiser
auf Autobahnen

Bild 310   Bild 311   Bild 312
Baken vor Anschlußstellen auf
Autobahnen

Bild 313 *
Wegweiser auf
Autobahnen

Bild 314 *
Anfang der Ortschaft

Bild 315 *
Ende der Ortschaft

Bild 316 *
Vorwegweiser

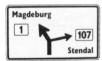

Bild 317 *
Vorwegweiser

Bild 318 *
Wegweiser für
Fernverkehrsstraßen

Bild 319 *
Wegweiser für sonstige
befestigte Straßen

Bild 320 *
Wegweiser für
unbefestigte Straßen

Bild 321 *
Wegweiser für
Transitstraßen

Bild 322
Gegenverkehr
hat Wartepflicht

Bild 323
Sackgasse

Bild 324
Krankenhaus

Bild 325 *
Medizinische Hilfe

Bild 326 *
Fernsprechstelle

Bild 327 *
Pannenhilfe

Bild 328 *
Tankstelle

Bild 329 *
Campingplatz

Bild 330 *
Rast- oder Gaststätte

Bild 331 *
Hotel oder Motel

Bild 332 *
Toilette

Bild 333 *
Informationsstelle

Bild 334
Kinderbeförderung
(wird nur an
Kraftfahrzeugen
angebracht)

Bild 335 *
Anzeigetafel für
Richtgeschwindigkeiten

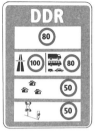

Bild 336 *
allgemeine
Höchstgeschwindigkeiten
in der DDR

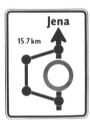

Bild 337 *
Vorwegweiser für Umleitungen

Bild 338 *
Wegweiser
für Umleitungen

Bild 338a
Ende der
Umleitung

Bild 339 *
Wegweiser für
Umleitungen des
Autobahnverkehrs

Bild 340 *
Ankündigung des
Fahrbahnwechsels

Bild 341 *
Transport gefährlicher Güter
(wird nur an Kraftfahrzeugen
und Anhängerfahrzeugen
angbracht)

IV. Zusatzzeichen

Mit Zusatzzeichen wird die Bedeutung
anderer Verkehrszeichen näher bestimmt.
Die gebräuchlichsten Zusatzzeichen sind:

Bild 401 *
abbiegende
Hauptstraße (zum
Verkehrszeichen
Bild 301)

Bild 402 *
abbiegende
Hauptstraße
(zu den
Verkehrszeichen
Bilder 226 bzw. 227)

Bild 403
Anfang

Bild 404
vor und hinter

Bild 405
Ende

Bild 406 *
links

Bild 407 *
links und rechts

Bild 408 *
rechts

Bild 409 *
Entfernung in Meter

133

Bild 410 *
Länge des
Geltungsbereichs

Bild 411 *
Anzahl

Bild 412 *
Zeitbegrenzung

Bild 413
Gefahr plötzlicher
Glatteisbildung

Bild 414
Gefahr plötzlicher
Nebelbildung

Bild 415
Gefahr am
Fahrbahnrand

Bild 416
Spielstraße,
für Anlieger frei

Bild 417
Zugbetrieb

Bild 418 *
nur gültig

Bild 419* ¹
nicht gültig

für abgebildete Fahrzeugart

Bild 420
nur gültig

Bild 421¹
nicht gültig

für Schwerst-Gehbehinderte
(mit Ausnahmegenehmigung)

Bild 422¹
gültig bei Nässe

---

¹ Gemäß Einigungsvertrag vom 31. 8. 1990 (BGBl. II S. 889, 1223) gilt folgendes:
Die Verkehrszeichen Bilder 215 (Wendeverbot), 419 (nicht gültig für abgebildete Fahrzeugart), 421
(nicht gültig für Schwerst-Gehbehinderte mit Ausnahmegenehmigung) und 422 (gültig bei Nässe)
behalten ihre bisherige Bedeutung. Siehe auch Fn. ↑ zu § 7.

V. Verkehrsleiteinrichtungen

Verkehrsleiteinrichtungen dienen der Leitung des Straßenverkehrs,
einem sicheren, flüssigen und geordneten Verkehrsablauf sowie
einer zweckmäßigen und rationellen Ausnutzung der Verkehrsfläche.

a) Fahrbahnmarkierungen

Bild 501
doppelte Sperrlinie

darf weder be- noch
überfahren werden

Bild 502
Sperrlinie

darf nur überfahren werden,
wenn
a) Grundstücke infolge der
Ausmaße von Fahrzeugen
nicht anders erreicht
oder verlassen werden
können;
b) die Sperrlinie als Fahr-
bahnrandmarkierung
verwendet wird

Bild 503
einseitige Sperrlinie

darf von der Seite der unterbrochenen Linie nur unter Rücksicht-
nahme auf den übrigen, insbesondere
den nachfolgenden und entgegenkommenden Fahrzeugverkehr und von
der Seite der durchgehenden Linie nur
zum Wiedereinordnen nach rechts
überfahren werden

Bild 504
Leitlinie

darf nur unter Rücksicht-
nahme auf den übrigen,
insbesondere den
nachfolgenden und
entgegenkommenden
Fahrzeugverkehr
überfahren werden

Bild 505 *
Vorankündigungspfeile

weisen auf einen
notwendigen Wechsel
der Fahrspur hin

Bild 506
Haltelinie

davor anhalten und erst
weiterfahren, wenn es
die Verkehrslage gestattet

135

Bild 507
Aufstellinie

davor anhalten, wenn es
die Wartepflicht oder die
Verkehrsregelung erfordern

Bild 508
Fußgängerüberweg

Pflichten nach
§§ 14 und 35

Bild 509
Begrenzungslinien

verpflichten Fußgänger oder
Radfahrer, die Fahrbahn
innerhalb dieser Markierung
zu überqueren

Bild 510 *
Pfeilzeichen zwischen Sperrlinien

verpflichten Fahrzeugführer
zur Weiterfahrt in der durch
den Pfeil angezeigten Richtung;
ein Wechsel der Fahrspur ist
nicht gestattet

Bild 511 *
Pfeilzeichen zwischen
Leitlinien

verpflichten zum Einordnen

Bild 512 *
Sperrfläche

darf mit Fahrzeugen
nicht befahren werden

Bild 513   Bild 514

Zusatzmarkierungen

weisen auf die Wartepflicht
am Vorschriftszeichen
Bild 226 bzw. 227 hin

Bild 515 *
reservierte Verkehrsflächen

dürfen nur mit solchen Fahrzeugen
befahren werden, auf die das
Schriftzeichen oder Symbol hinweist

Bild 516 *
Parkflächenmarkierungen

kennzeichnen
die vorgeschriebene
Parkordnung

Bild 517
Vorschriftszeichen
auf Verkehrsflächen

verbieten das Halten bzw.
Parken auf den markierten Flächen

137

Bild 518
durchgehende gelbe
Linie am Fahrbahnrand

verbietet das Halten

Bild 519
unterbrochene gelbe
Linie am Fahrbahnrand

verbietet das Parken

Bild 520
gelbe Zickzacklinie

verbietet das Parken auf der
markierten Fläche

b) Sonstige Verkehrsleiteinrichtungen

Bild 601
Leit- und Absperrkegel

Bild 602
Verkehrsteiler

Bild 603 *
Leitpfeil in Kurven

Bild 604
Sicherungskennzeichnung

Bild 605 *
Leitplanke

Sachverzeichnis

Die mageren Zahlen bezeichnen die Paragraphen der StVO

139

Sachverzeichnis

Sachverzeichnis

Sachverzeichnis

Sachverzeichnis

Sachverzeichnis

Sachverzeichnis

Sachverzeichnis

Sachverzeichnis

Sachverzeichnis

Sachverzeichnis

Sachverzeichnis

Sachverzeichnis

Sachverzeichnis

Sachverzeichnis

Sachverzeichnis

Sachverzeichnis